'A Chawsom Iaith...'

Cerddi

Eifion Lloyd Jones

Gwasg Carreg Gwalch

Rhif Llyfr Safonol Rhyngwladol:
978-1-84527-688-1

Cyhoeddwyd gyda chymorth Cyngor Llyfrau Cymru

Mae Eifion, sy'n Llywydd Llys yr Eisteddfod Genedlaethol,
yn awyddus bod breindal y gyfrol
yn cael ei gyfrannu at ymgyrch ariannol
Eisteddfod Sir Conwy 2019.

Dylunio'r clawr: Eleri Owen

Cyhoeddwyd gan Wasg Carreg Gwalch,
12 Iard yr Orsaf, Llanrwst, Dyffryn Conwy, Cymru LL26 0EH.
Ffôn: 01492 642031
Ffacs: 01492 642502
e-bost: llyfrau@carreg-gwalch.cymru
lle ar y we: www.carreg-gwalch.cymru

Argraffwyd a chyhoeddwyd yng Nghymru

Cyflwynedig i 'mhlant –
Angharad, Elysteg, Ynyr a Rhys –
a'u plant hwythau –
Gwenno, Gruffudd, Llŷr, Eira, Caleb a Celt –
yn y gobaith y cadwant yr iaith
i genedlaethau'r dyfodol.

"A chawsom iaith, er na cheisiem hi,
oherwydd ei hias oedd yn y pridd eisoes
a'i grym anniddig yn y mynyddoedd...

...A throesom iaith yr oesau
yn iaith ein cywilydd ni."

Gerallt Lloyd Owen

Diolch i Myrddin ap Dafydd a Gwasg Carreg Gwalch am roi'r cerddi syml hyn ar gof a chadw gyda chystal graen.

Diolch, hefyd, i gyfres Talwrn y Beirdd, Radio Cymru, ac i Gerallt Lloyd Owen a Ceri Wyn Jones am yr ysgogiad i lunio llawer o'r cerddi – rhai eisoes wedi'u cyhoeddi yng nghyfrolau'r gyfres honno ac yn *Beirdd Bro'r Eisteddfod* yn 2013 gan Barddas.

Cynnwys

RHAN 1

Cymru a'r Gymraeg

CWRTEISI

Yn nyddiau'r person plwy' a'r sgweiar tir
oedd am y gorau'n lordio'i hyd y wlad,
bu plant y gorthrwm ar eu gliniau'n hir:
Sul, gŵyl a gwaith, mewn llan ac ar y stad...
    nes teimlo stwyrian rhyddid yn y gwynt
    a'i si drwy'r gaethglud: codi, sythu cefn
    i fynnu llais yn lle'r mudandod gynt,
    a rhannu'r da yn lle cowtowio i'r drefn;
ond yn y wynfa newydd, daeth hen flys
am efelychu llyfu'r oes a fu
gan faglu dros ei gilydd yn eu brys
i osod mat eu croeso o flaen llu
    fu'n prowlan wrth y drws ers oesau maith
    i ddwyn eu tai a'u tir, a lladd eu hiaith.

BENTHYCIAD
(gan gofio addewid 'yr Hen Ŵr o Bencader')

Hen erwau digon crintach,
  hen lethrau digon llwm,
 hen gaseg od o styfnig,
  hen bladur hyll o drwm;
ond talodd chwys ei lafur hir
y llog yn llawn i'w Feistr Tir.

Llawr dyffryn yn eu gafael,
  tai haf yn britho'r bryn,
 y llog yn ein pocedi –
  deg darn ar hugain gwyn;
a dim i'w dalu'n ôl cyn hir
am fenthyg y 'darn hwn o dir'.

IAITH

Ers bwydo brain Catraeth ac Ystrad Clud,
er hiraeth Abercuawg a'r Dref Wen,
trwy nwyf direidi serch ger Ystrad Fflur
a nawdd cyfeddach o gasgenni pren,
i ddwyster Talyllychau a Dolwar Fach,
uwchben Pwllderi ac yng Ngardd Glandŵr:
goroesodd lwch a thanchwa'r cymoedd glo
a chwalfa waed dan lechi Pont y Tŵr.

Ond ar ôl gwerthu Rhyd a Derwen Gam,
'rôl boddi Capel Celyn a Nant y Moch,
troi cyffro ffermydd yn fforestydd mud
a hafan glan y môr yn ffeiriau croch,
wrth wrando ar y radio neu wylio'r sgrin,
anweswn sarff a sleifiodd dros y ffin.

OFN...
(*... y milflwydd newydd ym Mhrion*)

Fel Carneddog gynt,
maen nhw'n mynd...
o Dŷ Capel, Bod Erw a Groes Gwta –
fel yr aethon nhw
o Efail Wen, Berthen Gron a Buarth Mawr:
etifeddion muriau carreg
y Gymru uniaith Gymraeg.

Mae 'na guro a chlirio garw
yn sgubor Groes Gwta –
yr hen dŷ yn rhy fach
i falchder estron;
rhyw Jac mawr melyn
sy'n rhuo'i drais o draw
drwy ardd Bod Erw;
a tydi ci newydd Tŷ Capel
ddim yn cyfarth
yn Gymraeg.

Fis diwetha',
daeth mam Efail Wen
â'i mab i'r ysgol Sul:
etifedd gwyngalch
y Gymru newydd
uniaith...

YSGOL PANT PASTYNOG, PRION

A'n hiaith yn hesb gan fygythion, yfwn
rywfaint o'r gobeithion
sy'n ffiol yr ysgol hon:
ei ffyniant yw ein ffynnon.

LLWYBR IAITH

Mae'r pafin o'r tŷ i'r feithrinfa
yn dawel a diogel 'fo Mam,
a'r lôn gul ar gyfyl y cynradd
heb gerrig rhy beryg i'w gam;
wrth gyrchu trwy'r uwchradd mae'n baglu
mewn haid o ddieithriaid hy –
nes rhuthro'n llawn cyffro tua'r coleg
ar unffordd na ddychwel tua'r tŷ.

DIEITHRIAID

“Helô ’na!”, “Oes ’ma bobol?” – dyna i gyd
fu allwedd ei chymdogion ers cyn co’
drwy ddrws oedd led y pen i’r haul o hyd
at baned-dros-y-galon orau’r fro;
ond gwynt y dwyrain ddaeth i fyny’r nant
a’i smwcian cynnar yn troi’n genlli hyll,
gan foddi clecs cymydog a hwyl plant
a’i gadael gyda’i phaned yn y gwyll...

Mae’n gwawrio’n ara’ i sŵn y cartre llawn
o sgwrsio dieithr rhwng y cotiau gwyn,
y drws ar agor tua haul y pnawn,
ond paned yn ei llofft bob hyn a hyn;
sawl wyneb clên yn dechrau sgwrs: “*Hello...*”
– yr unig air sy’n agor drws y co’.

CWM PRYSOR

(Pan agorwyd ffordd fawr drwy'r cwm yn y 60au, ro'n i'n arfer cau fy llygaid wrth deithio arni rhag dryllio'r llun delfrydol o'r cwm oedd gen i o 'Atgo' *Hedd Wyn.)*

"Dim ond lleuad borffor"
  na welodd neb erioed
yn agor clust i luniau
  rhamantydd pymtheg oed;
nes i'r lôn bost ei gwneud yn haws
i weld y byd i blant y Traws.

"A sŵn hen afon Prysor"
  fu'n canu cnul y cwm:
ei Atgo' wedi'i foddi
  gan ru cerbydau trwm;
a rhuthro drwyddo'n llanw drud
heb weld y cwm mae plant y byd.

ASBO
(am gyn-Brif Gwnstabl y gogledd, Richard Brunstrom)

Mae un gwrthgymdeithasol yn ein mysg
  sy'n sathru ar ein rhyddid ni bob dydd
i fynd fel cath i gythraul yn ein brys
  gan ffonio hefyd, os oes llaw yn rhydd;
ac mae'r prif gop am gyfreithloni rhoi
  cyffuria' i'r rhai sydd wedi'u dal yn gaeth
yn lle eu cosbi, neu'n well fyth eu cloi
  rhag tarfu arnom ni; ond llawer gwaeth...
mae rŵan wedi datgan mai'r Gymraeg
  a ddylai gael blaenoriaeth yn ein gwlad,
fod Bwrdd yr Iaith mor wan, ac mai'n y Bae
  gwleidyddion gwellt sy'n sgorio pwyntiau rhad...
Mae'r Sais yn haeddu Asbo, a chael 'ban',
am godi c'wilydd arnom, Gymry gwan.

RHAN 2

Y Byd

BESLAN

(ar ôl y gyflafan yn ne Rwsia, Medi 2004;
lladdwyd dros drichant, un ar fin priodi)

Bu'n troi a throsi'n gyffro byw drwy'r nos,
  yn gweld ei llun wrth gau amrannau'n dynn:
    ffrog newydd sbon am eneth ifanc, dlos,
      a honno'n bictiwr yn ei phurdeb gwyn;
prin iddi gyffwrdd brecwast yn ei blys
  am gychwyn tuag antur fwya'i byw:
    rhyw ddawnsio, troelli'n llon a sgipio'i brys
      i gyrraedd gŵyl â'i chroeso o fewn clyw.

Mae'i mam yn methu â chau ei llygaid syn
  rhag gweld ei llun yn lludw'r neuadd fawr:
    y ffrog yn garpiau llwyd a choch a gwyn
      am swp o gnawd mewn sach mewn rhes ar lawr;
a'i thad yn golchi'i ddagrau yn y glaw
  wrth gychwyn tua'r comin gyda'i raw.

TAITH

(un o'r ffoaduriaid)

Cychwyn,
  heb syniad i ble,
    ond fod yn rhaid mynd...
mynd, am fod y tir yn grimp a'r ffynnon yn faw;
mynd, am fod y fron yn hesb a'r dagrau wedi darfod.

Llusgo mynd trwy'r llwch,
  y griddfan gwan ar ei braich
    yn ei gyrru 'mlaen...
ar waetha' gwayw'r coesau a phothelli'r traed;
ar waetha' stwmp y stumog a chraciau'r gwefusau.

Simsanu,
  llithro i'r pridd
    heb yngan cri...
syllu ar ddau lygad pŵl a'r pryfetach yn eu byw;
syllu ar esgyrn yn hongian mewn croen yn crino.

Estyn y bwndel i rywun,
  honno'n ei dderbyn heb air
    a'i ymgeleddu...
gwylio'r ddau yn cilio a'r traed yn mynd heibio;
gwylio'r llwch yn setlo.

TRAIS Y TONNAU

(*Tswnami Gŵyl San Steffan 2004 yn Sumatra*)

O fore oes, bu tonnau'n llyfu glan
ym mhen draw'r byd, gan olchi'r tywod gwyn
yn bur o bob budreddi fel bo'r fan
yn borth paradwys i ymwelwyr syn.
Ond yn ein hoes o gyfoeth, tonnau byd
gwareiddiad y Gorllewin olchai'r traeth
gan adael broc aflendid dyn ar hyd
y glannau'n dyst o drais a blys di-chwaeth.
Un dydd o dan y môr cynhyrfwyd ton
dialedd yn llifeiriant gwyllt o ddŵr
fel dilyw Noa'n difa'r lleddf a'r llon
wrth foddi cannoedd, miloedd, fel un gŵr.
Ai am i ddyn droi Eden yn drueni
y daeth y diwedd drannoeth Gŵyl y Geni?

FFLAM

("angerdd pob fflam... yn lludw llwyd" – yn dilyn daeargryn Ebrill 2009 a laddodd dros 300 yng nghanolbarth yr Eidal, yn cynnwys pâr ifanc oedd newydd briodi)

Crynai fflam
 un o ganhwyllau'r allor,
  mor nerfus â Maria
   yn ei gwisg laes wen,
    wrth iddi gamu'n araf
     dan gangau'r palmwydd
      at groeso Iesws
       ar Sul y Blodau.

Ond Sul y Pasg,
 nid oedd na channwyll nac allor
  yn L'Aquila,
   dim ond gwisg laes wen
    yn crynu mewn bedd gwag –
     ei hamdo'n groeso i Iesws,
      os daw rhywun o hyd iddo
       dan ludw'r rwbel.

PENNAWD

(Lladdwyd Rachel Corrie yn 23 oed ar Lain Gazza gan fulldozer byddin Israel wrth iddi sefyll o'i flaen i amddiffyn cartref teulu o Balestiniaid; fel pennawd ar waelod sgrin deledu y gwelodd ei chwaer y newyddion, a hi oedd yr un y bu'n rhaid iddi ddweud wrth eu rhieni.)

Yn ddol benfelen o flaen twr o blant
  y bu fy chwaer yn addo gwella'r byd,
    ond roedd sawl un o'n criw am fod yn sant
      yn ddeuddeg oed, a llawn delfrydau i gyd.
Pam, felly, yr aeth hi o aelwyd hedd
  i uffern Palesteina i herio'r trais?
    A pham, er hunllef o ragweld ei bedd,
      yr own i'n dal i wrthod codi llais?
Yr un fagwraeth, yr un gwerthoedd gwiw
  a rannwyd inni'n blant, a'r un un gwaed
    yn ein gwythiennau cyn eu dryllio'n friw
      gan darw dur, yn llanast gwlyb dan draed.
Pam amau'n awr mai fi a gafodd gam...
    a be' dwi'n mynd i'w ddweud wrth Dad a Mam?

DOETHINEB

Pan oeddwn fachgen...
yn credu'r beibl a'r radio
am gamp yr hen genedl
yn trechu'r Anghrist
ym Mhalesteina
yn chwe deg saith,
llawenhawn
yng ngorchest gyfiawn
y wlad fach rydd
oedd yn mynnu byw.

Ond pan euthum yn ŵr...
gwelais rym y Gorllewin
yn nhrais y gormes
a gwladychu haerllug
tiroedd y meddiant,
a gwlad yr addewid
yn dal yn gaeth
i'r Hen Destament,
ddant am ddant.

A châr dy gymydog...
yn diferu gwaed
ar fur digofaint
y ddinas sanctaidd
sy'n dal i wylo
am ei phlant.

BAI

Syllu...
  ar fur wylofain
    y Jeriwsalem Newydd:
ar yr ifanc eiddgar,
  y canol oed moethus,
    a'r henoed bodlon;
y miloedd fu'n mwynhau byw,
  y genhedlaeth fu farw
    un bore
      ar amrantiad...

Heb glywed...
  wylofain Rahel
    o'r Jeriwsalem ranedig
      a chwteri Baghdad:
am yr ifanc gwyw,
  y canol oed bregus,
    a'r henoed prin;
y miliynau fu'n methu byw,
  y cenedlaethau fu farw
    bob bore
      yn araf...

ELW

Pa lesâd i ddyn, os ennill efe yr holl fyd, a cholli ei enaid ei hun?
(Mathew, xvi, 26.)

Buddsoddwn mewn bomiau, a phentyrru taflegrau
    ym manc diogel y Gorllewin gwâr
i'w hanfon, gyda chyfarchion y Pasg,
    yn wyau llawn dirgelwch,
oddi wrth Gristionogion
    at Gristionogion...

Rhwng bomiau NATO a bwledi Serbia,
    golchwn ôl yr arian oddi ar ein dwylo,
tra bo gwaed Calfaria'n ceulo
    mor rhad â gwaed Pristina;
a'r trydydd dydd
    yn uffernol o bell.

GARDD

Ger Mesopotamia
 y sleifiodd y gynta'
  o geudwll y goeden
   yn ddig o genfigen
    i'n hudo o Eden...

Ym Mesopotamia
 ein dydd, sleifiodd ynta'
  am Fabilon liwgar,
   a duo ei daear
    ag olew ein galar.

NOS A DYDD

(Adroddiadau tra gwahanol dau ohebydd am y cyrchoedd awyr ar Irac, 1991)

Nos – *gan David Dimbleby*

Dacw'r bomiau "smart", deallus
Gyda'u hannel "saff", pwerus
Sy'n dinistrio'n lân, glinigol,
Mewn amrantiad technolegol.

Dydd – *gan John Pilger*

Dacw'r cyrff ar hyd ffordd Basra
Yswyd wrth eu chwythu'n ddarna';
Chwarter miliwn o gelanedd
Oedd y difrod mewn gwirionedd.

NEWYDDION DA

Yn y sêr uwchben Syria, anrhegion
        i rwygo cymala'
    a rown ar awyrenna'
    ein duw, nid newyddion da.

HEDD WYN

Maith yw'r ffordd, a mawr yw'r mynydd
i Benbedw o Drawsfynydd;
mwy'r gwastatir, meithach siwrnai
i Feirionnydd o faes angau.

MYND

Er mai mynd a mynd wnaf innau,
dof i'r un hen gŵys â'm tadau;
yno hefyd i'r un priddyn,
o'u holl fynd, daw 'mhlant i'm canlyn.

MÂN US

O lwch i fwrllwch
ac o don i'r dyfnder
y 'chwâl y gwynt'
tua Chanaan;
o rwbel aelwyd
mewn carpiau rhynllyd
at gragen rydlyd
llawn ofn a'i ddrewdod,
trwy donnau anferth
ffyrnigrwydd y nos
at lannau'r wawr...
i gyfri'r colledion.

Yn weddill syn
wrth ffens y ffin
ger 'afonydd dyfroedd'
Canaan y cyfiawn,
pob ymbil a gweddi
ar glustiau byddar
fu'n pesgi eu crefydd
mewn temlau aur;
a'r salmydd dryslyd
yn holi ei Dduw:
pwy yw'r
annuwiolion?

TELYN
(arwyddlun Guinness)

Pan fo pob telyn fechan fud
  yn uno'n alaw o gynghanedd,
 try'r cecru croch yn gân i gyd
pan fo pob telyn fechan fud
 yn dathlu'r hedd a ddaeth i'w byd;
 bydd gwin y gwan ar fin rhianedd
pan fo pob telyn fechan fud
  yn uno'n alaw o gynghanedd.

PRIODAS 1998

Cyn y Pasg, eleni,
  canodd clychau'r eglwysi
    y bydd aileni...

Am dri degawd du,
  bu'r Falls a'r Shankhill
    yn gyrru eryr
      i boeri gwae
        ar ei gilydd;
ond rhwng y Grog a'r Pentecost,
  cododd colomen
    â'i phig yn dwyn ffydd
      fel llatai gobaith
        am gariad.

Cerddodd saith o bob deg
  law yn llaw
    tua'r allor newydd;
a chlychau unedig
  yn boddi crawcian
    gweinidogion Efnisien.

Ers y Groglith, eleni,
  seinia clychau'r eglwysi
    y bydd aileni.

LLIWIAU

Bu eryrod yn poeri
  o gafn y cyfnos
    ar dyrau Derry
      a waliau Belffast:
oren, gwyrdd a gwyn
  yn llafar eu cynddaredd,
    coch, glas a gwyn
      yn llachar eu llid;
Nes i'w gwaed orengoch
  gymysgu'n ysgafn
    â'r ddaear wyrddlas
      i genhedlu'r gwyn.

Un golomen yn galw
  ar awel y wawr
    rhwng siniciaeth y Shankhill
      a ffydd y Falls Road;
ail golomen yn mentro
  i frigyn go fregus
    o greigiau y Creggan
      tros wae Waterside;
nes i drydar y drydedd
  oleuo murluniau
    y Strand a'r Bogside
      ag undod y gwyn.

MARTIN McGUINNESS
(a anwyd yn y Bogside)

O dwyni gwael Donegal
  a mwynder mawndir Derry,
    ffrwynodd gariad ffyrnig
      at deulu gwan gan dlodi
        ei werin werdd
          nes ffrwydro'n goch
            ar Sul y Saethu.
      Codi llu a chadw llw
        yn erbyn grym y gormes
          ar strydoedd gwlyb
            o waed cyfoedion
              am ddegawd digyfaddawd.

Yna, estyn dwrn y dial
  i ysgwyd llaw â'r llofrudd,
    gan frathu tafod a chau clust
      i sen o ensyniadau
        cyn cynnau cannwyll
          ar elor hen ddoluriau.
    Ond creithiau'r caethiwed
      fu'n dal i waedu
        o dan yr undeb,
          gan sugno'r egni
            yn stormydd Stormont
              a digalondid Donegal.

HILLSBOROUGH

(*ar ôl gwylio drama ddirdynnol Jimmy McGovern*)

Dwy, fel ein dwy ni,
yn dawnsio'u direidi
yn fwrlwm byw
wrth awchu'r wefr
am chwarter i dri
un cam o Wembley...

Am chwarter wedi tri,
dwy yn llonydd
ar faes y cyffro,
a'u pennau'n llipa
ym mreichiau syn
eu tad.

Yntau, dradwy,
yn darllen
penawdau llysnafedd
celwydd yr heddlu
am fedd-dod y meirw
a phiso ar gyrff,
a'i ddagrau poeth
yn sychu'n
gynddaredd chwerw
ers hynny.

CAMP

(*Theatr Breuddwydion*)

Y bêl yn sownd i'w draed wrth ddriblo'n chwim
  drwy goesau hurt y lleill cyn saethu'i gôl,
mae'r bychan fel ei rieni'n deall i'r dim
  fod ganddo'r ddawn a'i ceidw o'r ciw dôl.

Wrth estyn y bêl eto o gefn y rhwyd,
  mae'r bychan boldew wedi sorri'n bwt
ac yn dyheu am alwad Mam at fwyd
  i'w arbed rhag y dirmyg yn y cwt.

Tu ôl i'r gôl yn pwyso ar ei ffyn,
  heb gicio pêl erioed â'i goesau cam,
mae'r bychan eiddil eto'n gwylio'n syn
  at gamp y ddau cyn adrodd wrth ei fam...
a deigryn honno'n cofio fel erioed
fod mwy rhwng camp a champ yn ddeuddeg oed.

CUSANAU

(ar ôl darllen hunangofiant George Best – ymysg ei orchestion carwrol roedd dwy Miss World; dan straen ei hanesion, aeth ei fam, hefyd, yn gaeth i alcohol, ond prin y bu'n ei gweld.)

Yn bymtheg gwanwyn eiddgar,
  a'r byd yn gwahodd gwyrthiau,
    prin y teimlodd
      y crwt o'r Cregagh
        gusan pryder ei fam
          ar y cei
            ym Melffast...

Yn bymtheg haf ar hugain,
  bu'r byd wrth ei draed droeon,
    a blas palasau pleser
      yn gusanau breninesau
        y chwalfa chwil
          ar balmant
            llwyddiant Llundain...

Yn bymtheg hydref a deugain,
  mae'r byd yn fwganod bygythiol,
    sy'n dannod i'r henwr heno
      flys prysur ei blesera
        am i'w fam etifeddu'i glwy,
          ac yn edliw'r gusan
            na osododd
              ar ei thalcen oer.

SGWRS

(efo hen gyfaill plentyndod, Emrys Arthur Jones, oedd wedi colli'i olwg, ei lais a'i leferydd ar ôl gwaeledd a llawdriniaeth fawr.)

Dau yn dadlau
    wrth ddewis tîm Cymru
        dan bont haearn Llandrillo,
           ddiwedd y pumdegau;
dau yn areithio
  mai 'Corris yw Cymru'
        ar ran Coleg Aber,
           ddiwedd y chwedegau;
dau yn gohebu
   newyddion Cymru
        mewn llais a llun,
           ddiwedd y saithdegau...

Ddiwedd y nawdegau,
    un sy'n siarad
       am y dyddiau hynny;
    a'r ateb yn feiro flêr
       ar frys dall
          i leisio'n fud.

YFORY

(am ddau hogyn bach o'r un enw â'n bechgyn ni a laddwyd mewn damweiniau: syrthiodd Ynyr yn deirblwydd oed i bwll pysgod tŷ cymydog ym Mlaenau Ffestiniog; syrthiodd Rhys yn chwe blwydd oed oddi ar goeden ar frigyn briw yn Llandyrnog.)

Acw,
mae Ynyr a Rhys
yn eu gwelyau, heno;
ninnau wedi ymlâdd
ar ôl dweud y drefn, droeon,
am gicio blaen eu sgidiau'n dwll
a gwlychu'n slemp wrth ddal ati
ar waetha' cawod drom;
gwrthod noswylio, wedyn –
eisiau dal i chwarae;
dwrdio drachefn,
ond rwdlian a chwerthin
sy'n y llofft tan berfeddion...

Chwarae oedden nhwythau, hefyd –
dringo a chrwydro:
ond yn Llandyrnog
ac ym Mlaenau Ffestiniog,
mae tad a mam
a fyddai'n rhoi eu byd i gyd
am gael dweud y drefn
yfory.

BARGEN

Glaslanc hy ar garreg las
 yn crafangu â'i figyrnau
  ar graig esgyrnog
   yn nannedd y ddrycin;
corwynt Chwefror
 yn gwanu trwy'i gnawd
  a chenllysg Mawrth
   yn sigo'i ysgwyddau;
ond balchder yn lledu'i frest
 wrth i ddwylo creithiog
  daro'r sylltau gwyn
   ar fwrdd y gegin
    o fargen dda.

Henwr caeth ar garreg yr aelwyd
 yn carthu'i ysgyfaint
  o lysnafedd llwydgoch
   i farwor y tân;
awel Mehefin
 yn chwarae'n yr ardd
  a haul Gorffennaf
   yn edliw'r gwaelu;
ond c'wilydd yn gwawdio'i frest
 wrth i fysedd cnotiog
  gribinio'r papur newydd
   am iawndal hwyr
    o fargen sâl.

ARIAN AC AUR

(i gefnogwyr Yogi – Bryan Davies o Glwb Rygbi'r Bala)

Eiliad,
  yn ei gêm ola',
    yn torri'r llinyn arian,
      yn diffodd oes o gyffro,
        yn fur heb ddrws yfory.

I fwrllwch
  y llonyddwch,
    daw gair fod hwn ac arall
      am gynnau ambell gannwyll
        drwy wthio'i hun i'r eitha'.

Pob aberth
  yn ddrws gobaith
    mai'r golau sy'n y galon
      a'r dycnwch sydd mewn dynion
        yw'r aur yn ein chwaraeon.

TŶ GOBAITH

Y dwylo, nid yr adeilad, – y wên,
nid y ward ddideimlad;
ni wnaeth un, na mam na thad
ragori ar ei gariad.

Y SAMARIAID

Y cwmni yn yr unigrwydd,
y cyfaill tu ôl i'r llen;
y deall a'r cydymdeimlad,
y llais pan fo'r byd ar ben.

Y gwrando, nid y pregethu,
y glust, nid y tafod rhydd;
y disgwyl yn amyneddgar,
y cysur ar derfyn dydd.

DRYCH

Mae o wedi gweld...
   dyddiau gwell:
y ffrâm yn gadarnach,
   a'i wyneb yn lanach,
      cyn i'r cen ddechrau hel
         yn y corneli;
roedd y llun yn gliriach
   bryd hynny –
      yn ddigon o sioe.

Prin y sylwodd neb
   ar y crac cyntaf,
      nes iddo hel baw,
         a hwnnw'n glynu;
crac arall wedyn
   yn hagru'r wyneb
      ac yntau'n colli'i sglein
         nes bod llai yn syllu arno.

Mae o yma o hyd,
   yn y gornel,
      a phawb yn mynd heibio;
go brin y bydd neb
   yn sylwi arno mwyach...
nes i'r ffrâm ddymchwel,
   y craciau'n chwalu'n chwilfriw,
      a rhywun yn ei sgubo
         o'r neilltu.

CRYMAN

Llathrai'r llafn fel lleuad arian
   uwch y llwyni yn ddi-baid,
gyda'i suo yn llefaru
iaith tafodau hen y teulu,
gyda'i fin yn adlewyrchu
   chwys y balchder ar dalcen Taid.

Llecha'r cryman yn ei gwman
   dan y llwyn a'r llafn yn llaid,
a'i fudandod yn cyhuddo
cenedlaethau'r llaesu dwylo,
a'i holl rwd yn methu â chuddio
   gwrid y c'wilydd ar fochau Taid.

FFON

Ar aelwyd, hen bren creulon ddoe iddo
      sydd heddiw'n gysurlon;
   nid gofid hen atgofion
   a ddaw'n awr â'i ffydd yn hon.

CADW

Hen dun bisgedi
fu'n celu'r gyllell waharddedig
a phecyn pump Park Drive
dan gornel y gwely
rhag y rhiant;
ynddo, hefyd,
gusanau dau lythyr
ar bapur ysgol,
a llun,
yn gyrliog ei gorneli.

Mae'r tun ar domen byd,
a chwpwrdd twt, sidêt,
yn cadw ysgerbydau
heddiw
rhag y plant;
ynddo, hefyd,
gusanau dwy berthynas
ar gynfas bywyd,
a rhith o ddrych
yn edliw.

PARCH

Am dros dair mil o Suliau
  bu'n mwytho'r un hen glawr
drwy hafau'r porthi gwresog
  hyd aea'r atsain mawr;
ond yn ei floesgni, swniai'i air
yn od o driw i ddwy neu dair.

Am dri o'r gloch bnawn Gwener,
  bu bodio'r lledr du,
a thrichant yno'n morio;
  ond gwell na chwmni'r llu
yn gysur gwir i ŵr yr arch:
y ddwy neu dair fu'n driw i'r Parch.

OERNI

Pan fo'r hin yn dechrau oeri,
dail yn chwil o gylch y llwyni,
cesyg gwynion ar y gorwel,
slipars gwag sy' yn y gornel.

GOFAL

Lluchiodd ei doli newydd
  i'r llwch sigaréts
    rhwng fideo a stereo,
      gan syllu her
        i fyw clustan mam;
  wrth flasu heli'r dagrau,
    crafodd foch boeth hyd waed
      â llawes arw hen jansi.

Teimlodd fraich denau'n
  ei chodi o'r carped caled
    a'i sodro ar groen meddal
      a dreuliodd drwy'r teits;
  wrth bwyso'i boch ar fron hesb,
    syllodd i fyw
      hen ddagrau.

HELA

Blewyn coch a chotiau cochion – y ddau
        yn ymddŵyn mor greulon:
  yn eu byd, mae'r ddau'n y bôn
  yn anifail – y cnafon!

GLAN

Tyrchu'r tywod am hydoedd
 i greu'r gaer
  ac arbed teulu'r lan
   rhag dreigiau'r dychymyg;
tra bo'r gelyn go iawn
 yn sleifio'n nes ac yn nes
  y tu ôl i'r ddau,
   nes gwlychu'u traed
    a'u bochau
     wrth chwalu'u breuddwydion.

Dychwelyd drannoeth
 i ganfod y gwaddod,
  lle mae olion y muriau'n
   annog ailarfogi:
dygnu arni,
 gan sbecian droeon
  ar y rheibiwr
   sy'n disgwyl ei dro
    i feddiannu eu caer,
     eu glan
      a'u breuddwydion.

PAENT

Llaw fach sigledig
  ar fraich o gripiadau
yn chwifio'r brwsh
  i liwio'r papur
yn las
  a gwyrdd
    a melyn.

Llaw fach grynedig
  ar fraich o greithiau
yn chwifio'r can
  i chwistrellu'r mur
yn llwyd
  a choch
    a du.

MELINAU GWYNT

Peiriannau sy'n pori'r anwel – yn braidd
    ar y bryn tua'r gorwel
  fyn hysio frefu'n isel
  am eu hŵyn, a mwy'n ymhel.

ADDURNIADAU

(ar ôl cyfnod mewn ysbyty cyn y Nadolig)

Mae'r tinsel coch yn crynu ar y bach
  wrth deimlo nyrs yn rhuthro'n ôl a blaen
i ddiffodd blîpio'r drip a gwagio'r sach...
  cyn oedi i gysuro mam dan straen.

Mae'r goeden ffug yn wincio arni'i hun
  gan nad oes neb yn gweld canhwyllau gau
bugeiliaid, pan fo'r nos yn nos ddi-hun
  o boen sy'n cadw'r llygaid pŵl ynghau.

Anrhegion baw a biswail sydd ynghudd
  dan gynfas gwlâu yn drewi'r oriau mân,
a'r doethion dryslyd wedi crwydro'n rhydd...
  cyn dilyn seren 'nôl at wely glân.
Pan byla'r tinsel a'r canhwyllau i gyd,
bydd golau yr angylion yno o hyd.

MANION

’Does ’na’m trênars bach blêr dan y gwely
  na’r un socsan unig tu ôl i’r drôr,
dim crys-T ar lawr y cwpwrdd sychu
  yn chwilio am y trowsus glan y môr;
’does ’na’m sôn am y sleid na’r pwll padlo,
  ’does ’na’m hanes o’r beic a’i olwyn gam
a fu’n pwyso ar drwyn y car rasio
  yn y garej: aeth y ddau, fel y pram;
er, wrth grwydro stafelloedd ei chartre’
  bob nos, mae hi’n dal i’w gweld nhw i gyd,
ac yn clywed wrth ddeffro bob bore
  bob smic bach sydyn sy’n dweud dim, dim byd.
Ond heddiw teimlodd gic gynta’ un bach
fydd yn llanw’r tŷ ac yn creu’r un strach.

GEIRIAU

Y synau bach sydd eisiau bod yn eiriau –
fel 'Mam' a 'Nain' a 'Twm' sy'n cynnau gwên,
    cyn plethu 'fi' ac 'isio' y tro cynta'
    a'r gred mai 'Na' yw gair mawr pobl hen.

Wrth efelychu deunod 'Heno, heno',
ymrithia sŵn yn synnwyr 'hen blant bach',
    cyn ffrwydro'n fwrlwm gwyllt o blesio a phlagio
    llawn 'sws i Mami' a direidi iach.

Y geiriau'n rhewi'n swil yng ngwres dau gariad
wrth gyffwrdd llaw â gwên y wefus fud,
    cyn mentro oes â chwestiwn bery eiliad
    a gair o ateb dry'n gyfrolau'u byd.

Mân siarad y blynyddoedd mor ddifeddwl,
distawrwydd yn dweud mwy am wefr a chraith,
    cyn crefu am glywed unrhyw air bach carbwl
    gan wraig a mam a nain ar ben y daith.

YR HEN GOLEG

(adeg ailagor Hen Goleg y Coleg Normal, Bangor, ganol y 90au, cyn i'r Brifysgol ei lyncu!)

Ganol y ganrif ddwetha'
y naddwyd maen a phren
i gynnal cenedlaetha'
ar seilia' Sili-wen;
hen arddwyr fu'n ffrwythloni'r had
yn gnwd goludog hyd y wlad.

Am bymtheg gaea' garw
bu'r meini llwm dan glo:
y pry'n rhidyllu'r derw
a'r brain yn nhyllau'r to;
hen bridd yr ardd dan gnwd o chwyn
a neb yn gwylio'r gwenith gwyn.

Yn wanwyn unwaith eto,
mae'r meini'n loyw lân:
eu grisiau'n llawn o groeso
a'u gardd yn gnwd o gân;
daw'r blagur ir sy'n glasu'r pren
i sylw haf yn Sili-wen.

BORE SUL

(Y Parchedig Hugh Rowlands oedd y cyntaf i gyrraedd damwain feiciau ger Abergele lle lladdwyd pedwar; bu'n weinidog annwyl gan fy nheulu i am drigain mlynedd.)

Y Sul yn addo'n braf
  a'r lôn yn glir
    ar ddechrau blwyddyn;
      un Sul a blwyddyn arall
        at ddeg a thrigain
          y ceisiodd ffordd
            i ddyn at Dduw.

Ar dro'n y ffordd
  y bore hwnnw,
    roedd rhwystr lliwgar
      cyrff ar wasgar,
        olwynion llachar llonydd:
penlinio,
  cau amrannau
    yn y distawrwydd syn,
      ac oed yr addewid
        rhyngddo a'r fenga'..

Yna,
  gyrru 'mlaen
    i geisio dweud
      am gariad Duw.

ADDEWID

Eisteddfod fach Llannefydd, tua saith,
  a'r Neuadd yno'n llawn rhieni'r fro
ar flaen eu seddau'n gwylio ffrwyth eu gwaith
  mewn llygaid syn sy'n chwilio ogo'r co'
wrth eistedd 'mhen draw'r llwyfan o dan straen
  gan chwifio coesau'n nerfus a di-drefn
wrth ddisgwyl am y gair i gamu 'mlaen
  i'r golau unig – o gwmpeini'r cefn.

Pob mam yn blasu cytsain pob un sill
  wrth annog mwy na'r llafarganu blin
i drwyn y meic cyn cilio'n ôl i'r gwyll
  am gysur clap cyfoedion fu'n y drin:
un rhuban bach yn nrôr atgofion pell
y flwyddyn nesa', pan fydd pethau'n well.

GOFYN

Llond llofft o deganau
yn dangos i'r byd
fod pob "Ga'i...?"
wedi troi'n "Cei...",
fod pob chwiw ddrud
yn un rhes rad
o ymddiheuriadau
nad oedd o yno.

A'r llygaid gwlyb
sy'n gwawdio'u cysur
yn beio'i lais ei hun
am chwennych petheuach
yn lle ei ddyhead:
"Ga'i stori gen ti heno, Dad?"
"Ga'i deimlo dy law dyner
ar fy moch?"
"Ga'i dy weld di'n
rhoi un gusan arall
i Mam?"

PRIDD

O adael ffridd am oleuadau'r dre',
bu'n sgwrio'r pridd oddi ar ei sgidiau cain;
bu hithau'n crafu staen a diosg gwe'r
hen gartre' tlawd oddi ar ei haeliau main:
dau'n cefnu ar fagwraeth lom y gwynt
er mwyn cael dod ymlaen yn hyn o fyd
i rannu sylw sêr y sgrin i'w hynt
a ffalsio nabod pawb yn wên i gyd.

Ond heb i'r gwadnau gydio yn y tir,
mae'r pen yn chwyddo'n ysgafn fel balŵn
gan hedfan ymaith tua'r angof hir
a thraha'i ymffrost yno'n ddim ond sŵn.
Diflannu'n y cymylau dros y ffridd
mae seren sydd heb wreiddiau yn y pridd.

CYFRINACH Y GENI

Nid i aelod hen deulu hynafiaid
        y nef, ond i wyry';
    nid llwy aur, ond syndod llu
    yw bod Duw yn y beudy.

SELWYN GRIFFITH

(yn bedwar ugain oed)

Yn wyth deg, a thad i un: – yn wyth deg...
        'fatha dim ond hogyn;
    yn wyth deg, mor ffraeth y dyn;
    yn wyth deg, doeth a dygyn.

Ni welodd Llanddeiniolen – 'run hogyn
        pedwar ugain amgen:
    i blant, di-daw ei awen;
    yn hen ŵr, heb fynd yn hen.

BERWYN ROBERTS
(*adeg cyhoeddi ei gyfrol o gerddi,* O'r Felin)

Cadernid mwyn Meirionnydd dan eu traed
yn faeth i wreiddiau cynnar y tri brawd,
ac iaith gyhyrog 'Pendryn' yn eu gwaed
fel her i bawb a fentrai groesi'u rhawd.

Aeth Ber i'r Bermo, y Rhyl a Phontypridd
heb gefnu unwaith ar ei uniaith goeth,
gan rannu angerdd teulu brwd Ty'n Ffridd
dros y Gymraeg wrth ffyliaid bydol-ddoeth.

Yn grefftwr llaw a geiriau, glan a gardd,
gwnaeth farc ar Dalwrn, afon, pridd a choed:
pysgotwr, bwytwr, chwerthwr, saer a bardd –
y carwr hedd ffyrnicaf fu erioed.

Costrelwyd ffrwythau swil ei weithdy llên
yn win 'O'r Felin' nad â byth rhy hen.

MWYALCHEN Y BORE BACH

Cantor y wawr a dorrai – a'i ganu
plygeiniol a'm deffrai
i'w gur am un a garai
a'i wylo mwyn dan law Mai.

DYFFRYN CLWYD

Er swyn ei ddôl a'i lwyni, – er hanes
ei fryniau a'u moelni,
er hardded rhai o'i erddi,
hwn a hon yw 'nyffryn i.

RHAN 3

Colledion

COLLI PEDWAR

(Meredydd Evans, John Davies,
John Rowlands a Harri Pritchard Jones)

A welaist ti'r aur ar y marian,
 a'r arian ym mherlau'r gwlith?
A welaist ti'r blagur yn glasu,
 neu oedd hynny yn ddim ond rhith?

A glywaist ti'r gwcw yn pecial,
 a sisial yr awel trwy'r ŷd?
A glywaist ti'r brwyn yn chwibanu,
 neu oedd hynny yn gelwydd i gyd?

A deimlaist ti niwl Tanygrisiau,
 a dafnau hen law ym Mwlch-llan?
A demlaist ti friw'r Goeden Eirin,
 a'r ddrycin dros Arran a'i glan?

Daw alaw o alar Cwm Ystwyth,
 a chwedlau o ddagrau Caerdydd.
Daw straeon o'r Groeslon a'r ddinas,
 a'r gaeaf yn haf, ryw ddydd.

GWYN THOMAS

Cannwyll i'n canu cynnar – a'i eiriau'n
llawn miri diweddar;
trodd ddail crin ei werin wâr
yn afiaith â'i iaith lafar.

I GOFIO ELIN MAIR
(Llanrwst a Llanuwchllyn)

Elin, mae Cymru'n wylo – am dy wefr,
am dy waith diflino;
Elin, am im d'anwylo
mae 'nagrau innau'n y gro.

WAYNE ROBERTS

Gweinidog y gymdogaeth – a'i ofal,
heb ofyn, yn helaeth:
trwy yr ail filltir yr aeth
i'n synnu â'i wasanaeth.

GWYN ERFYL

Rhwng gwawr Aberdeunant
    a gwyll Gerddi Menai,
        gwnaeth Gymru'n fwy...

O'r Llan a anfarwolodd
    "rhwng Birmingham a'r Bermo",
aeth â gair ei dad
    a chân ei fam
        i ysgwyd sawl byd.

O gaer *Y Dydd*
    i garidýms Soweto,
        agor llygad y meddwl;
o bulpud y Traws
    i balas y Fatican,
        agor clust y galon.

Camu'n ysgafndroed,
    ond sefyll yn gadarn;
canu'n floesg-dyner,
    ond pregethu'n ysgytwol;
credu'n ofalus,
    ond caru'n angerddol.

A bellach,
    fel y proffwydodd,
        "dim ond y llwch sydd yma";
tra pery'r llais
    i gyffroi llygad a chlust
        i ddeall a charu
            mwy.

BOB DAVIES

(Cymydog, adeiladwr – gan gynnwys adeiladu ein tŷ ni, a threfnydd angladdau, gan gynnwys ei angladd ei hun)

Wrth groesi'r trothwy acw, fe fydd llu
 yn dotio at fanylder crefft ei law
sy'n tystio i'r ymroddiad llwyr a fu
 ym mhob cymwynas fach a di-ben-draw;
yn wylaidd gadarn, yn fonheddig fud
 wrth agor sylfaen ac wrth agor bedd,
a dafnau o ddoethineb hen y byd
 ym mwynder dwys ei lais, ei gam a'i hedd.
Er ymgeleddu'i wraig drwy'i gwaeledd blin,
 bu'n rhaid gwahanu'n oerfel y mis bach,
ond llwynog oedd yr haul drwy'r haf ar fin
 y cancr a ddaeth i reibio dyn mor iach,
a'i lusgo yntau'n unig tua'r tân
sy'n ysu i uno'r ddau oedd ar wahân.

GWENLLIAN JONES

(gwraig ein gweinidog, Y Parchedig Eifion Jones)

Nos Sul,
a'r llenni'n cau ar lampau'r byd:
y fflam yn isel ar allor ffydd
a'r olew'n brin;
y llais fu'n llaswyr
i'r gweddill llwyd drwy'r dydd
yn fud flinedig;
y pen a'r cefn yn crymu
dan bwysau dydd Llun arall.

Yna, o'r gwyll,
daw tincial cwpan a'i lond o wên,
a llaw ar ysgwydd yn gynnes
i oleuo'r nos...
... tan heno.

JOHN GLYN

(Cyfaill agos, a fagwyd ar fferm y Llys, ger Dinbych, safle'r gaer fu'n gartref i Gwenllian, merch Llywelyn Fawr)

Mae sŵn hen wylo yn Llys Gwenllian,
  sŵn colli'i phlant ar hyd y canrifoedd;
  na, nid oes bellach 'ffin rhwng byddinoedd'*
ond nid ei hiaith hi yw iaith y winllan.

Mae'n wylo heno am eiriau'r garddwr
  fu'n prysur araf warchod y llwyni
  yn ddoeth a chadarn rhag y mieri
â'i wên ddireidus i gyd-wladgarwr.

Drwy'r mwg, daw murmur melfedaidd pwyllog
fod rhaid in droedio sawl llwybr troellog;
  daw angerdd tawel y dyfnder llonydd
  am sychu dagrau a gweld o'r newydd:
    "Un cyfle byr a gawn i wireddu
    breuddwyd Gwenllian ar ddaear Cymru."

* *(o'i gerdd 'Fy Ngwlad')*

I GOFIO HELEN

(gwraig John Glyn)

Colli haul yw colli Helen: aelwyd
    a theulu heb seren,
  tref oer heb lewyrch lloeren
  a byd o olau ar ben.

CATHERINE PIERCE JONES

(fy Anti Kate, Porthmadog, ar ôl gweld ei gŵr yn ei gwylio yn ei horiau olaf)

Gorweddai'n llipa lonydd,
 y cudynnau gwyn ar chwâl
  dros y gobennydd;
   ei cheg yn gam
    a'i thafod yn drwm
     ar wefus grimp.

Crymai yntau wrth y gwely
 yn brathu gwefus grin,
  a'i lygaid llaith
   yn llawn
    o hen gusanau.

MEIC POVEY

(cyfoed yn Ysgol Eifionydd; yn un o ddeg o blant, lladdwyd ei frawd David mewn damwain beic modur yn 17 oed; theatr fach Y Gegin, Cricieth, gyda Wil Sam, oedd ei fagwrfa.)

Yn gaeth i gyffuriau'i glwyf,
rhwng muriau cell y cof
llithra'r llwyd yn rhithiau lliw...
concrid Pontcanna
yn ddolydd Nant Gwynant
a bwrlwm direidi'r brodyr
fu'n gloywi Aberglaslyn.

Ond bu'n gaeth erioed...
i anwes Eifionydd,
lle bu mam a'i theulu
yn wylo am fab a brawd;
i iaith goeth Y Gegin,
lle bu Yr Hen Blant
yn creu Diwedd y Byd;
i'r Gymru Gymraeg,
lle bu 'Nel' a 'Now' a 'Les'
yn gwarchod y gwreiddiau.

Try mur y gell yn sgrin
i weld a chlywed a theimlo
gwynt traed y meirw
yn gwanu trwy Nant Gwynant,
yn chwalu set yr aelwyd,
yn pylu parablu'r plant
a diffodd canhwyllau'r sêr.

RHAN 4

Teulu

LAMP

(teyrnged i 'nhaid, y Parchedig Timothy Lloyd Jones, gwas fferm a aeth i'r weinidogaeth, a chrefftwr fyddai'n creu ac addurno lampau.)

Rhyw bwt o fetel, cainc neu geubren gwyw
mewn ffos ar fin y ffordd yn magu baw
a naddwyd ganddo'n gawg o ynni byw
fel llewyrch haul yn diffodd cawod law.
Estynnai frwsh a phaent o ddau hen dun
i liwio gorchudd yn batrymau mân
a sgleiniai'n risial pan fo'r golau ynghyn
a'r gwydr wedi'i hir anwylo'n lân.

Mae sawl hen lamp o hyd ar hyd y lle
mewn ambell gornel dywyll yn hel llwch:
y gwydr gwelw â'i graciau'n dynn gan we,
y pren yn pydru neu y rhwd yn drwch.
Mor fuan yr anghofir dyn a'i gamp:
mor hawdd ag estyn bys i ddiffodd lamp.

[*Cerdd rydd orau'r Talwrn un flwyddyn yn derbyn Tlws Cled gan Gerallt Lloyd Owen*]

GORFFWYS

(i gofio Euronwy Lloyd Jones, Llandderfel a'r Bala – yn athrawes biano fedrus, treuliodd flynyddoedd yn gofalu am ei thad, ei hewythr ac am fy nhaid innau, gan ei briodi ychydig flynyddoedd cyn ei farw.)

Dawnsiai'r dwylo main
fel dau bry copyn
ar ras igam-ogam
dros y clwydi du;
a degawdau o blant di-glem
yn rhyfeddu'n swil
at y we o gerddoriaeth
oedd yn cau amdanynt.

Gwibiai'r dwylo sgleiniog
fel gwenoliaid yn gweini
o'r bwtri i'r bwrdd
dan faich o faeth;
a thriwyr oedrannus
yn llygadu'n slei
y llond lliain o ofal
oedd yn cau amdanynt.

Crynai'r dwylo ceimion
fel menig ysgerbwd
wrth estyn te claear
at weflau crin;
a llygaid llonydd
yn gweld o bell
y llen o ollyngdod
oedd yn cau amdani.

TRÊN

(i gofio 'nhad, Edgar Jones, fu farw'n 69 oed ym 1982)

Trên fawr oedd yn y Port ym mhum deg saith,
    ac yntau fry'n y signal-bocs fel duw
yn tynnu lifars gloyw i agor taith
    am Ddyfi Junction, Afon Wen a Chrewe.*
Ar lwybr gyrfa'n Arolygwr, bu'n
    rheoli lein y Bermo, Mach, Builth Road...
gan adael efo'r *Mail* ben bore Llun
    â'i gês bach brown am wythnos ar y tro.

Dan fwyell Beeching, i'r ciw dôl – neu waith
    yn dâl am lafur oes... i ffwrdd yn Stoke!
I'r seiding aeth o – at y rhydu maith
    gan weld hen stêm yn troelli wrth gael smôc;
ac er bod lein fach newydd ar y stryd,**
ni ddaw'r un trên yn ôl o ben draw'r byd.

* *Tair cyffordd bwysica'r trenau o Borthmadog, a Crewe y bwysica' ym Mhrydain*
** *Rheilffordd yr Ucheldir yn croesi'r bont am y Cob*

MAM

(Margaret Jones, fu farw'n 67 oed ym 1989)

Cynnil ei chalon
a chyndyn ei hanwes,
wrth guddio ei chariad
rhagof fi a 'nhad;
minnau, bryd hynny,
yn holi'r gobennydd lawer tro,
ond yn methu â gofyn
y geiriau.

Amau ambell si,
synhwyro'r sôn...
cyn i'r ddau fy ngadael
yn ddisymwth o fud;
minnau, bellach,
yn holi'r garreg las yn ei thro,
ond yn methu â chlywed
yr ateb.

COFEB FY RHIENI

Mae'r garreg las
yn llai
na'r meini marmor
o'i hamgylch:
llechen yn llechu
rhag llygaid llym y llu.

Sbectol gyfleus oedd ganddo,
yn gweld dim ond daioni,
a hithau'n ymguddio
yn lloches ei chartref
rhag tafodau'r byd:
dau wylaidd o unig,
yng nghell eu hatgofion,
ar wahân.

'Gwyn eu byd y rhai...'
rhy addfwyn
i fynnu cyrraedd
oed yr addewid;
rhy swil
i rannu cyfrinach
gwewyr eu byw.

OEDI

(cyfrinach wir na rannwyd efo fi erioed)

A blodau'r hydre'n fyw ar fedd fy nhad,
daeth dynes drwynfain at y drws am dro
gan sôn yn frysiog a heb eglurhad
ei bod yn 'nabod ei wraig gyntaf o.
   Na, ni fu'n briod gynt, atebais hi,
   ac aeth – ond clywais ias yr arch yn cau...
   a'r llenni'n agor. Holi'i frawd am si
   a fu carwriaeth goll pan oedd o'n iau:
bu farw'i wraig wrth eni geneth fach
a chladdwyd mwy na chorff ymhell o'n bro,
ond craith o'r dirgel ar ei galon iach
a'i trawodd yntau'n greulon tua'r gro.
   Mae'r sgwrs na chawsom yn parhau o hyd
   yn oriau'r nos ar drothwy'r garreg fud.

RHIENI LEAH
(*William a Beti Owen*)

O Ben Boncan, fe ganfu – yn y Parc
wyneb pert, a rhannu
eu hynys ar fysus fu:
a dau gariad i'w gyrru.

Ym Môn, y ddau ffyddlona'; – yn Rhosmeirch
erys mwy na chartra:
ynys ddeil gymwynas dda
ydyw aelwyd Man Dela'.

DYN DA
(Cofio William Edward Owen)

Am bedwar ugain mlynedd
  bu'n mwytho fforch a rhaw
yn emyn ei amynedd,
  yn weddi hardd ei law;
ac ar ei ddeulin rhannai'r clod
â'r Un a'i gyrrai ef a'r rhod.

Y golwg oedd yn cilio,
  y plygu glin yn straen,
ond llynedd, unwaith eto,
  bu'r ardd yn hardd ei graen:
daeth haul a chawod fel erioed
i ddweud fod dau yn cadw oed.

Gwynt Chwefror dros yr ynys
  a'r pridd yn oer a llaith,
ond blodau wedi'u plannu
  cyn gaeaf ola'r daith
sy'n llunio 'Diolch' ym mhob llwyn:
nesáu at Dduw mae'r garddwr mwyn.

I GOFIO TAID RHOSMEIRCH

Er mai amdo oer yw'r eira,
y mae'n cynnau'r cof cynhesa'
am diriondeb a direidi
cwmni'r un sy' dano 'leni.

I NAIN, SY' 'RIOED YN 'NINETY'!

Mae hi'n dal ym Man Dela' – yn naw deg...
        pan nad yw'n cymowta;
    a'i gwên yn dal mor smala,
    hi yw'n hanes, ddynes dda.

LEAH

Fy nghariad, mae fy ngeiria' – i'w rhannu
        â'r eneth anwyla'
    a'i halawon, fy Leah:
    fy nghraig o ddur, fy ngwraig dda.

GWIN

Sipiais rawnsypiau'r gwanwyn
 yn ysgafn aflonydd,
  yn sydyn o serch:
 prin gyffwrdd dy wefus,
  prin flasu dy flys,
   gan awchu amrywiaeth
    yr ifanc gwyryfol.

Yfaf garáff yr hydref
 yn llonydd fodlon,
  yn araf o gariad:
 gan lyfu dy weflau,
  gan lowcio dy chwant,
   yn gysur cyfarwydd
    yr aeddfed cartrefol.

CYNGHANEDD

I hogyn o Eifionydd
a hogan o Sir Fôn –
y fo'n rhyw lun ar brydydd
a hithau'n fwyn ei thôn –
roedd glannau Menai'n gân i gyd
y gwanwyn hwnnw: gwyn eu byd.

Ar drothwy chwarter canrif
o rannu'r lleddf a'r llon,
mae'r geiriau'n dal o ddifrif
a'r alaw'n newydd sbon
wrth gynganeddu'r gân o hyd
i bedwar llais a ddaeth i'w byd.

EIN PRIODAS ARIAN

Hwyrach fod fy nghyrls i'n brinnach,
hwyrach fod dy gyrfs di'n gyrfiach,
ond nid cyrls na chyrfs na chusan
wna im garu mwy nag arian.

LEAH HAEL EI HALAWON

(wrth dderbyn Gwobr Goffa Syr T. H. Parry-Williams)

Rhoi i'w chôr a'i chantorion – orau'i chrefft:
        rhoi ei chreu ym Mhrion;
    rhoi i lawer alawon,
    rhoi ei hoes yw rhoi i hon.

CARIAD

Mi wn fod haul yn rhywle
tu ôl i'r holl gymyle,
ond nid oes cwmwl yn y byd
all guddio hud dy ole.

Mi wn fod yna leuad
yn cylchu yn y cread,
ond er nad ydyw'n llawn o hyd
mae'n llenwi 'myd â'th gariad.

Mi wn na ellir rhestru
y sêr ar nos o'r fagddu,
ond gwn fod un â'i golau mwyn
yn seren rwy'n ei charu.

CROES

(i gofio colli ein Lleucu cyn ei geni)

Rhythu drwy'r ffenestr fain
  ar waed cynta'r hydref yn y dail,
    tra bo'r meddyg yn egluro
      wrth glustiau byddar;
        y brigau briw yn toddi i'w gilydd
          wrth i'r dagrau gronni;
deall, ond methu â derbyn
  fod y celloedd bach ar chwâl;
    derbyn, ond methu â deall
      pam mai ni
        oedd yn pennu ei thynged.

Gyrru adre' drachefn
  ymhen pythefnos:
    dim ond dau
      mewn car gwag;
a gwylio'r gwaed yn y dail
  ar frigyn briw
    y cyntaf o Hydref,
      bob blwyddyn.

PRIODI

(I'r ddwy acw, Angharad ac Elysteg)

Dwy hogan fach mewn priodas floda' ddoe
 yn gwneud go iawn o boptu cwymp y dail;
dwy fach oedd gyda'r gora' am wneud sioe
 a gwisgo i fyny i blesio bob yn ail,
yn rhannu holl ddarparu'r diwrnod mawr
 fel morwyn a phriodasferch yn eu tro
gan hanner ofni eu dwy mai dyma awr
 gwahanu'r cwlwm cynnar, datod clo
plentyndod er mwyn dechrau gweddill oes
 y ddwy â'r ddau sy' am rannu'r antur hon
mewn awel dyner ac mewn gwyntoedd croes
 ar hyd hen lwybrau fydd yn newydd sbon;
a ninnau, wrth ddymuno gwyn eu byd,
ddim eisiau llacio'n gafael yr un pryd.

PRIODAS ANGHARAD A DAFYDD – 22.6.2007

Dwy galon gyda'i gilydd – yng ngharu
Angharad a Dafydd,
a dau deulu'n dathlu dydd
ein llanw â llawenydd.

ADEG GENI GWENNO, – 14.10.2009

(noson penblwydd Leah a finnau!)

Noson penblwydd oedd honno – yn ein tŷ:
Nain a Taid llawn cyffro'n
disgwyl Dad a'i alwad o
y ganwyd i ni Gwenno.

a GENI GRUFFUDD, – 5.5.2011

(pan oeddwn yn sefyll etholiad i'r Cynulliad,
a'r bychan bron yn 12 pwys!)

Yng nghanol dydd etholiad – a'i graffu...
am Gruffudd mae'r alwad:
clamp o hogyn, dyn fel dad,
ein ŵyr, a mab Angharad.

DWYLO

Rwy'n cofio teimlo'i llaw fach am fy mys
  yn cydio'n dyner y tro cynta' erioed,
ac yna'n tynnu ynddo yn ei brys
  i weld y byd trwy lygaid teirblwydd oed,
cyn gollwng gafael ynom ni ein dau
  yn hogan fawr wrth smalio cadw draw...
nes chwilio am rywun arall dipyn iau
  i rannu cyfrinachau gwasgu llaw.

Daeth dau ddwrn bychan arall yn eu tro
  i gydio'n swil ym mysedd balch ei mam
cyn mentro gollwng er mwyn mynd am dro
  i chwilio be' a lle a phwy a pham.

Fel i bob tad a mam fu'n cydio'n dynn,
daw awr llonyddwch mawr y dwylo hyn.

ADEG GENI LLŶR – 16.09.2011
(bu Elysteg yn wael iawn ar ôl esgor)

Hir dy esgor wedi'r disgwyl am un
    â'th amynedd, annwyl,
  Elysteg; 'chei di'm egwyl
  wedi hyn, ond 'gei di hwyl!

Rhodd Lel a Cleif i Eifion a Leah
    i ddileu'u pryderon:
  o eni Llŷr, try'r lleddf yn llon,
  fo yw allwedd Afallon.

BEDYDD LLŶR

(yng Nghapel Rhosmeirch – capel cynta'r Annibynwyr ym Môn – lle priodwyd mam a thad Leah, yn ogystal â Leah a finnau. Byddai mam Leah yn sefyll ar risiau'r capel bob Chwefror ar ben-blwydd ei phriodas i gadw oed â'i gŵr yn y fynwent.)

Dyma grud y Gair i werin
    gwanwyn Annibyniaeth Môn
heddiw'n ardd o haf i feithrin
    y blaguryn bach o fôn
cyff lle'r unwyd llu o'i wreiddiau
    yn hydrefau ffrwythlon, tyn,
a lle dygwyd ei gyndeidiau
    i'w gaeafau yn y glyn.

Daw ei hen nain yma i ddefod
    gyda'i phriod ym mhob hin
er mwyn adfer hen gyfamod
    gwarchod un o'r gwreiddiau crin;
heddiw'r wên, ar ôl yr wylo
    a fu'n dyfrio'r ddaear wyw,
eilw'r hedyn i flodeuo
    atgo' ddoe yn gariad byw.

YNYR LLWYD

(yn graddio yn B.Mus., 2009)

"Yns, bocha' byns" fel y bu: hoff o'i fam,
  hoff o'i fwyd, a'i wely!
 "Ynyr Llwyd, Cerddor" i'r llu –
 eilun am byth i'w deulu.

AR BRIODAS YNYR A CHELSEY – 18.7.2014

Oriau bâd y Caribî – enynnodd
  gân Ynyr a Chelsey;
 a'u llong ar lwyfan y lli,
 ein nodded a rown iddi.

ADEG GENI EIRA – 14.2.16

(*Dydd Sant Ffolant*)

Aros pythefnos ara' – a'n deuawd
    yn dyheu am Eira:
  yna daeth newyddion da
  yn gariad mwy na geiria'.

Diodde' am sbel fu Chelsey – ac Ynyr
    a gwynai'i dosturi;
  fore Ffolant fu'r ffoli:
  wyres yw'r neges i ni.

EIRA FACH
(yn naw mis oed)

Eira fach a garaf i, – Eira hud
yw'r em i'w thrysori;
Eira sy'n wawr ar dorri,
Eira dlos bob nos bia' ni.

ADEG GENI CALEB – 17.10.18

Wedi'r haf braf a gafwyd – yn Hydref
eich gwydrau a lanwyd:
â Chaleb ar eich aelwyd,
teulu llawn yw'r teulu Llwyd.

RHYS LLWYD

(*y cyw bach melyn ola'n dod i oed, 2008*)

Dewin wrth drin y bêl-droed, – ond ei gân?
udo gwyllt i'm henoed!
â'i afiaith, eilun cyfoed,
a'n heiddo ni'n ddeunaw oed.

AUR YR ENFYS AR Y FODRWY – 9.9.17

(*priodas Rhys a Fflur, gyda'r grŵp Enfys yn canu*)

O dan wynfyd ein Enfys o gariad,
mae gŵr a gwraig hapus
o ganfod trysor ffodus:
ffiolau'r aur yw Fflur a Rhys.

ADEG GENI CELT – 17.12.2018

(*wythnos cyn y Nadolig*)

Yn gynnar, daeth gŵyl y geni – i'n rhan
â'i rhodd i'n gwirioni:
ein Celt bach, ŵyr iach ei gri
annwyl, fel ei rieni.

PRIODAS RHYS A FFLUR

Er mai yng Nghlwyd y magwyd Rhys a Fflur,
mae gwreiddiau'r ddau yng Ngwynedd – lle bu iaith,
cerdd a diwylliant bro Gymraeg yn fur
am eu magwraeth gref ar ddechrau'r daith;
cyfarfod yn y Coleg ger y Lli,
ond fel y gân, "dy garu di o bell"
fu'r teirblwydd yno gyda'i hwyl a'i sbri...
tra bu dyheu am ddyddiau llawer gwell.
Mewn swydd Archwilio canfu Fflur ei dyn,
ac ymchwil Rhys am Sgorio ddim rhy hwyr;
y ddau yn gystadleuol ond cytûn
fod heddiw'n wobr selia'u serch yn llwyr.
Ym Modelwyddan y bydd nyth bach clyd
i fagu cywion cariad... Gwyn eu byd.

RHAN 5

Tribannau Beddargraff

GOLFFIWR

Ei dyrchu fu'n drychineb
a chladdu ei beli'n ffolineb,
ond dreifio i dir neb wnaeth o
wrth waldio i dragwyddoldeb.

GOFODWR

Er teithio'n ddewr i'r gofod,
ni ddaeth yn ôl i drafod
be'n union sydd ym mhen draw'r byd –
'mond Un o hyd sy'n gwybod.

ARWEINYDD CYMANFAOEDD CANU

Â'i freichiau am i fyny,
fe godai'r to â'i ganu,
ond heno, gyda'i freichiau ynghyd,
yn fud mae'r to yn gwasgu.

GEORGE THOMAS

Am "Ordyr!" y bu'n gweiddi,
ond 'doedd 'na'm trefn ar Georgie:
nid gwlad yn unig brofodd drais
hen lais y babi mami.

TRI AR Y LÔN

1. Warden Traffig

Bu'n nodi pob llythyren
mewn llyfr bach du yn llawen,
ond dyma'i enw ynta' i lawr
yn llyfr mawr yr Iorddonen.

2. Plismon

Bu'n danfon llu i'r llysoedd
a'r carchar am flynyddoedd,
ond wedi bod o flaen ei well
mewn cell mae o'n oes oesoedd.

3. Dynes Lolipop

Bu'n camu yn hyderus
i atal ceir a bysus,
ond unwaith ceisiodd atal hers –
bu'r wers ar ffordd Paradwys.

RHAN 6

Penillion Ymson

MEWN PRAWF GYRRU

Dwi wedi cynllunio'n ofalus
  bob arwydd, symudiad a stop:
cyflymu, arafu, yn ddestlus
  a mwytho'r gêr cynta' neu'r top;
mae'r drych 'ma a finna'n hen ffrindia'
  wrth yrru ymlaen neu yn ôl,
ymbwyllo i belican a sebra
  a gwarchod rhag ifanc a ffôl.

Dwi'n nabod y profwr ers talwm,
  dwi'n deall pob tric ar fy ngho',
dwi'n gwybod yn iawn be' 'di'r patrwm –
  pob cyffordd, pob allt a phob tro;
ond taswn i'n... taswn i'n... bethma,
  'fydd hynny'm yn ddiwedd y byd:
wel, 'doedd o'm y deuddeg tro dwetha',
  ac ydw, dwi yma o hyd.

WRTH WYLIO CEFN Y BABELL LÊN

Mae'n gwegian dan Odliadur,
Thesawrws a'r Briwsiadur...
ond 'does 'na'm cyfrol dan y sêr
wna fardd o'r glêr, y cr'adur.

MEWN SIOP HEN BETHAU

Hen grysbas a'i lawas 'di raflo,
  hen lodra' a'u godra' 'di troi,
hen siercyn a'i brethyn 'di breuo,
  hen sgidia' a'u gwadna' 'di rhoi...
ond ogof ei gyfoeth dwi'n gofio –
  a'r wên fer a rannai'r hen foi.

AR BEN DOMAN

Na, tydi'm yn drewi o gwbwl
  os 'di'ch trwyn chi 'di'i fagu'n y lle,
ond ma' Hiwbyrt a Ffani'n ca'l trwbwl
  dod i arfar – a nhwtha' o'r dre';
cwt yn 'rardd a thwll dros y bwcad
  oedd hi ffor'ma ers talwm, heb rysh,
ond roedd Hiwbyrt 'di closio at glosat
  a Ffani 'di ffoli 'fo'i fflysh.
Tydi'n od sut ma' dyn a'i gynefin
  yn toddi i'w gilydd yn glyd,
tra bo rhai sy' *heb* fyw ar y comin
  yn drewi'r gymdoga'th i gyd.

MEWN TWLL *(yn y twll dan grisia')*

Glywch chi'r gwydrau gwin yn tincial?
'Mhunnoedd *i* sydd yn y grisial;
ond mae'n sobor iawn yn fa'ma –
tydi'i gŵr hi 'di dod adra!

WRTH GROESI STRYD

Yn fan’ma y croesodd Topsi
o’r fuchedd ryfedd hon:
’rhen Rofyr yn dynn wrth ei thin hi...
ond Rover newydd sbon
a’i sathrodd yn siwrwd o boptu’r lein wen:
’mond ei llygaid sy’ ar ôl – ’dwn i’m lle aeth y pen.

MEWN FFATRI GWNEUD WYAU

Ma’r bòs newydd ’di cael gweledigaeth
sy’ ’di dychryn y gweithwyr ’ma i gyd:
roedd o’n dweud fod ’na wastraff dychrynllyd
pan fo wyau’n cael eu pacio o hyd,
a bod rhaid i ran helaeth y blychau
fod yn wag, ond am gardbod llwyd, gwan –
am mai wyau siâp wy ’dan ni’n ddodwy,
heb y blwch, ’san nhw’n rowlio i bob man.
Wel, yr ateb, yn ôl y bòs newydd,
ydi gwneud yr holl wyau yn sgwâr...
roedd o’n disgwyl ’swn i yn cytuno,
ac mi faswn... ’tawn i ddim yn iâr!

MEWN ADDOLDY

Dwi yma'n clywed geiria',
  ond ddim yn gwrando, chwaith;
dwi'n canu'r hen emyna',
  fel 'gwnes i, lawer gwaith;
dwi 'mond yn hel meddylia'
  wrth blygu pen cyhyd;
dwi'n cynnig fy ngheinioga';
  dwi'n iawn; i'r diawl â'r byd.

MEWN LLOCHES

Dwi'n cuddio'n y cwpwr'-dan-grisia'
  yn gleisia' o 'nghorun i 'nhraed:
dio'm rhyfadd bo' 'ngwallt i yn eisia'
  a'r sguthan mor sgut am 'y ngwaed;
mi a'th am y jygiwlar gynna'
  a'i llyg'id fel hedlaits mawr crwn:
roedd rhaid i mi ddengid i rwla...
  ond lloches i ferchaid 'di hwn!

MEWN CAPEL GWAG

Mae cysgod eu cyrff ar y seti
  a'u henwau 'di'u crafu'n y pren,
ond dim ond eu hysbryd sydd yma
  er bod yr hen ddrws led y pen;
ys gwn i lle mae eu heneidiau
  yn casglu ar doriad y wawr?...
... na, damia, y fi sy' 'di drysu
  ac wedi anghofio troi'r awr!

AR FORDAITH

'Fu dim rhaid archebu tocyn,
'fu dim angen ciwio wedyn,
'fu dim pregeth gan y capten
ar fy nhaith dros yr Iorddonen.

Y MEDDYG MEWN MEDDYGFA

Ma’ nhw yma i gyd, eto heddiw,
   a’r un angan doctor go iawn:
dim ond paldaruo cwynfanllyd,
   nes ’mod **i** dan y don at y pnawn...
Ma’ ’na ffisig go gry’ yn y drôr ’ma:
   ’sa llwyad yn lladd amball un;
os ca’i nhw i lyncu potelad,
   ’fydd y lle ’ma yn wag fora Llun.

MEWN PARLWR TATŴS

Catherine fu'r gynta' i mi'i sgythru arno
a'i chwalu – er mwyn rhoi Anne odano;
'mhen blwyddyn roedd 'nôl... i mi sgythru Jane,
ac yna Anne arall, ar ei floneg hen;
y nesa' oedd Catherine Howard – rhag drysu,
gan mai Cath oedd y gynta' i'w chrafu a'i chwalu,
a rŵan mae o am newid yr Howard yn Parr –
ond 'does 'na'r un mymryn o'i din o yn sbâr.

Harri'r Wythfed 1491–1547

1. *Catherine o Aragon – ysgariad 1533*
2. *Anne Boleyn – dienyddio 1536*
3. *Jane Seymour – marw 1537*
4. *Anne o Cleves – ysgariad 1540*
5. *Catherine Howard – dienyddio 1542*
6. *Catherine Parr – ei oroesi!*

AR GEFN ANIFAIL

Bu un o'th hil yn rhodio'n rhwydd
    â phalmwydd dan ei draed,
ond styfnig iawn wyt ti'r hen go:
    'mond nogio sy'n dy waed;
mae'r lleill yn rhedeg hyd y traeth
    i firi ffraeth "Hwrê!",
a thithau'n swrth a'th lygaid pŵl
    yn meddwl am dy de.

WRTH DDARLLEN BWYDLEN YN Y FRO GYMRAEG

Mae'r *hors d'oeuvres, à la carte* mewn Ffrangeg,
y *tapas* a'r *postres* mewn Sbaeneg,
        y *caffè*'n Eidaleg,
        y *bier* yn Almaeneg,
a chroeso'r Old Cottage yn Saesneg.

MEWN ADUNIAD YSGOL

Mae ’nacw wedi britho –
  er ddim yn foel fel fi,
a hithau wedi twchu,
  ond ’mod i’n fwy na hi;
mae yntau’n dechrau cloffi,
  a finnau ar bwys fy ffon,
a’r sbectol yma s’gen i’n
  fwy trwchus nag un hon;
ond wrth ’mi ddechrau suddo
  mewn pwll o hunandosturi,
rwy’n cofio am ddau ddireidus
  fydd ddim yn y llun eleni.

WRTH DDARLLEN MAP

Os dwi yn fa'ma rŵan
    am fynd i fan'cw'n chwim...
'tawn i'n ei droi a'i ben i lawr,
    'swn i yno, siawns, mewn dim;
ac i ddod 'nôl 'ma wedyn,
    os ydi o ben i lawr,
dim ond i mi fynd din dros ben
    mi faswn yma nawr;
ond gan 'mod i yma'n barod,
    dwi'm angen mynd i fflap:
dwi 'di cyrra'dd cyn 'mi gychwyn...
    deud 'gwir... dwi'm angen map!

AR Y FFORDD I BRIODAS

Mae o'n gw'bod 'mod i'n gw'bod
  mai 'fo *fo* y bydd hi heno,
ond dwi'n gw'bod 'fod o'n gw'bod
  'mod *i* unwaith 'di bod yno!

WRTH FWRW PLEIDLAIS

Os caiff y glas fy sws fach i,
  be' ddaw i mi yfory?
Dim, gan mai drosto'i hun
  y saif pob un sy'n Dori.

Os caiff y coch fy sws yn fraint,
  a fydda'i rywfaint callach?
Dim, gan mai gwella'i fyd
  wna Llafur, hefyd, bellach.

Os caiff y melyn sws gen i,
  a welir bri ar Walia?
Go brin, 'does gen i fawr o go'
  y bu 'na Gymro ffor'ma.

Os caiff y gwyrdd fy sws i'w gwaith,
  pa iaith fydd i'm hetifedd?
Pan fo eu Cymry hwy'n y bôn
  yn Saeson yn y Senedd.

Os nad oes un o'r pleidiau gwael
  yn haeddu cael fy swsus,
mi sleifia'i o'ma 'nôl i'r tŷ
  i'w rhannu efo'r musus.

WRTH BLEIDLEISIO

(fel ymgeisydd yn Ne-orllewin Clwyd, 1987)

Mi rois i lwyth o swsys
i 'ngwraig, a 'mhlant bob un;
ond wnes i 'rioed, erioed o'r blaen
roi sws i fi fy hun.

MEWN TAFARN WAG

Dacw gornel yr hen seiat
fu'n rhoi pìn mewn swigan sant:
cwestiwn amwys, saib awgrymog...
na, 'mond holi am y plant!

Dacw'r bar lle bu'r athronydd
yn mwynhau ffolineb dyn:
gwenu weithiau, gwg dro arall...
ambell weddi wrtho'i hun.

Dacw biano a fu'n taro
Tôn y Botel lawer tro:
"pwy all beidio â chofio" morio
nos Sadyrnau'n codi'r to?

Dacw'r drws ar agor heno'n
dal i wahodd dau neu dri,
ond mae'r rheini'n trefnu oedfa
i alw amser arna' i.

RHAN 7

Penillion Dychan

GWASANAETH CYFIEITHU

Ar ôl trechu rhagfarn uniaith
   fod cyfieithu yn rhy ddrud...
er bod yma Gymry huawdl,
   mae'r cyfieithydd heddiw'n fud.

GWERTHWYR CEIR

Mae'u holew ar dafoda',
di-frêc eu gyriant geiria';
pob corff yn sglein o eli drud
a'i ogla'n hud ar siecia'.

PERTHYN

Pan fydd yr hen hogyn 'cw'n llwyddo,
fel tad, rydw inna'n cael jarffio,
   ond pan ddaw 'na hanas
   amdano'n embaras,
dwi'n gadal y llanast i'w fam o.

CYFALAFIAETH

Dydd Llun, dydd Mawrth, dydd Mercher,
  y bûm i'n gwario'n ofer –
gwario dim llai pan ddaeth hi'n ddydd Iau
  a minnau yn ben bancer;
mewn dyled drom ddydd Gwener,
  ond poeni dim, fel arfer –
mentro yn hy, gan mai'r tlota' ei dŷ
  sy'n talu'r llog bob amser.

HARRI'R WYTHFED

Hen un boliog, byrhoedlog ei wên
fu'n hela a rhyfela ar Love Lane;
  ond giamocs go giami
  oedd hwrio 'fo Harri
i dair Catherine, dwy Anne ac un Jane.

HOGYN BACH YN GWNEUD DARGANFYDDIAD MAWR

Dwi newyf weld babi dfwth netha':
do'dd gynno fo'm byd ffwng 'i goetha'...
   do'dd 'i fam o'm yn poeni,
   ond neth i ddeud wth Dadi
thwn i'n foid o'n ôl am un cyfa.

BINIAU NEWYDD Y CYNGOR

Pan o'n i'n blentyn adre'n gyffro i gyd
arferwn rasio ceir bach hyd y stryd:
rhai oren, gwyrdd a glas, rhai llwyd a du
yn refio a sgrialu heibio'r tŷ.

A finnau'n henwr ar fy mhen fy hun,
rwy'n joio f'ail blentyndod fore Llun
yn llwytho a dadlwytho'r sbarion bwyd
i'r bwced oren smart o'r cadi llwyd...

Cyn gyrru'r motos newydd rownd y tŷ:
McLaren glas, dau Honda gwyrdd a du,
nes daw rhyw fwlis mawr mewn lorri wen
i ddwyn y cyfan, ac mae'r gêm ar ben.

OFERGOEL

Ni welodd leuad newydd
  drwy ffenestr ddur na choed;
ni cherddodd dan un ystol
  na thorri drych erioed;
ni fentrai Wil o'i wely
  y trydydd dydd ar ddeg,
nac agor ymbarél dan do
  rhag tarfu'r tywydd teg.

Ond er i'r machlud neithiwr
  ddarogan bore braf,
a'r adar heddiw'n wybed
  gyfuwch ag unrhyw haf,
ni welodd Wil y pnawn 'ma
  ddwy gath mewn dillad parch,
ac ni all heno weld ei Sêr
  yn wincio uwch ei arch.

HWIANGERDD GYFOES

Ty'd, cysga'r aur ar lin dy daid –
mae'n rhaid fod Mam yn brysur;
mi ddaw hi adre' yn y man
â thegan i ti'n gysur.

Ty'd, swatia rŵan yn dy grud –
mae'n ddrud i Mam dy blesio;
rhaid gweithio tan yr oria' mân
a thitha'n gweiddi "Dwisio!"

Ty'd, yfa hwn, diferyn bach –
mae'n strach i Taid dy fagu;
'tawn i'n cael gw'bod pwy 'di Dad...
'mond chwinciad gymra' i'w dagu!

PLADRAS O DDYNAS NOBL MEWN SIOP DDILLAD

Be' ddiawl dwi'n da yn fa'ma
  yng nghanol y lingyrî?
Y peisia'n si-thrw fel ffenast,
  a'r nicsus fel llinyn jî;
cobenni fel hancas bocad,
  pob brashiar i beli ping-pong,
a finna'n seis ffiffti 'di gollwng –
  dwi'n siŵr 'mod i yn y lle rong.

HYSBYSEB: EISIAU CYMAR

Mae'n aea' unwaith eto, Siân,
  a 'nhraed i'n dechra' oeri,
'y nhrwyn i'n rhedag fatha tap,
  dwi'n tagu fflem, a phoeri.
'Dwyt titha', Siân, yn mynd ddim iau
  a'th dethi wedi gollwn',
hen rincls bellach rownd *bob* man...
  be' w't ti'n 'neud nos Sadw'n?

RHAN 8

Yn Iaith y Co Bach

PLEIDLEISIO

Neuso'r hen fodan a fi ypsetio, ia,
  pan euson ni i fotio dy' Iau:
yn lle ca'l UN papur 'fo enwa, ia,
  gin co cownsul, mi geuson ni DDAU!
O'dd un papur lliw, 'tha sy'n bog, ia,
  efo enwa pob mul o'dd yn ras,
o'dd y llall wedi'i sgwennu ffor' rong, ia,
  yn rhesus lawr pêj – o'dd o'n gas.

Reuso fi fo yn bocad, lle yn bwcad, ia,
  'ni'm yn dallt be' o'dd seins, ond dio'm otsh,
o'dd 'na enwa' dybl-dytsh yn lle Lebor, ia,
  ne Toris a Lubrals Lloyd George.
Lubrals o'dd hen fodan a fi, ia,
  nes deuso Wil Bach 'cw i'r byd:
a rhyw gofi yn patro'n 'i gwymad hi, ia,
  fod Lubrals yn ca'l plant lond stryd.

Neuson ni droi côt ’dyn, a fotio Lebor, ia,
  pan o’dd Gorn.Robaitsh yn deud be’ ’di be’,
nes i’r bwbach neud ’i nyth yn Llundan, ia,
  a mwy o ffrindia’ nag o’dd gynno fo’n dre’.
A wedyn, be’ neuson ni wedyn, ia,
  ond troi at Blaid Bach, a rhoi go
ar Dafi’Wiglis, o’dd yn patro ’tha sgethwr, ia,
  a’r hen fòd’ yn ’i weld o’n smart o’i go’.

Neuson ni sticio ’fo Wiglis bob lecsiwn, ia,
  er bo’ ni’m yn dallt be’ o’dd o’n ddeud o hyd:
ond o’dd o’n patro ’tha ’sa fo’i hun yn gw’bod, ia,
  a do’dd y lleill ’im yn gw’bod dim byd;
ond dy’ Iau, ar y papur lliw bog, ia,
  do’dd ’na’m hanas o Wiglis yn un man;
a dyna pam a’th hwnnw’m i bwcad, ia,
  pidiwch deud, ia, ond a’th hwnnw lawr pan!

GWISG BRIODAS

Geuso'r hen fodan het ffrwytha' ar Maes, ia,
    yn sbeshal at brodas Wil bach:
het gantal, llawn dop o ryw 'nialwch –
    ond 'fo'r gostiwm y ceuthon ni strach;
o'dd mai-ledi 'di ffansïo un orenj, ia –
    fysa'n matshio y ffrwytha', siŵr iawn,
ond o'dd co gwerthu costiwms yn ca'l traffath:
    ffeindio un oedd... oedd ddigon... llawn.

"Ddatl dŵ tshampion i drio, co,"
    a ma' hi'n 'nelu am cwt 'mochal, wrth lw;
fuodd hi'n fanno yn tuchan am sbelan, ia,
    nes o'n i'n ama bod hi'n gneud nymbar tw;
ddoth hi'n d'ôl fatha blymonj mowr orenj
    o'dd yn woblo mewn powlan rhy fach,
a pan bylgodd hi i godi'i hanbag, ia,
    euso'r blonag yn ormod i'r bach.

'Na' i'm deud be' welson ni wedyn, ia,
    ond o'dd o'n debyg i flymonj mowr pinc,
ac wth bod o'm yn matshio 'fo'r orenj,
    ma' hi'n rhegad i cwt mochal mewn chwinc;
o'dd co gwerthu costiwms 'di dyrchyn, ia,
    ac yn stagio ar 'i dâp mesur fatha llo,
nes geuso fi brên-wêf, a deud wtho fo:
    "Iw si, tw intw wan wont go".

Neuson ni sleifio o shop yn reit handi, ia,
a'i miglo'i i caffi wth cei:
geuso hen fodan ddwy gatocs fowr tshoclet,
a finna 'mond un fins pei;
wth stagio arni'n sglaffio fatha twmffat,
neuso fi batro'n i gwymad hi'n neis:
"Y trwbwl 'fo'r brodas 'di'r gostiwm, ia,
a'r trwbwl 'fo'r gostiwm 'di'r seis."

Dau bethma oedd gynno'r hen fodan, ia:
dercha slimio, neu byrnu tent;
o'n i ofn deud 'thi bod fi 'di clwad
bod Pafiliwn Stefddod ar rent!
Ma'i 'di gaddo rhoi go ar y slimio,
rhag ofn bod nhw'm yn *gneud* costiwm fwy;
ond fi fydd goro deud wth Wil bach, ia,
na cheith o'm prodi... am flwyddyn... ne ddwy.

CWPAN Y BYD

O'dd Wil bach yn dal yn 'i glytia, ia,
  pan neuson *nhw* ennill Cwpan y Byd,
ond a'th fusutors ar Maes yn dw-lal, ia,
  a Lloyd George yn chwifio'i freichia' o hyd;
ond do'dd fi 'im yn licio'r holl figmas, ia,
  a 'ma fi'n patro wth hen fodan yn flin...
pan 'sa Wil bach yn chwara i Gymru, ia,
  geusan *nhw* stwffio Wyrld Cyp fyny'u tin.

Do'dd hen fodan 'm yn dallt lot am ffwtbol, ia,
  ond o'dd hitha' 'di laru ar 'u cybôl;
"Ddei thinc uts ôl ofyr," me fi wrthi, ia,
  "'gân nhw 'ofyr' pan neith Wil sgorio gôl."
"Be' haru ti'r crinci?" me hen fodan, ia,
  "yn cricet 'ma 'ofyr', shw Dduw –
"pan ma' un co 'di blino taflu pêl, ia,
  a llall methu slogio am 'i fyw."

Neuso fi'm gwilltio 'fo hen fodan yn strêt, ia,
  'mond apad 'na rhyw go ar TV
o'dd 'di patro am "ofyr" es talwm, ia,
  cyn clwad whisl ola'r reffarî.
"Dio'm otsh," me fi wedyn wrth fodan, ia, –
  o'dd hi'n stryglo i ddallt be' 'di be' –
"Sticia di at stagio ar Corri, ia,
  stagia inna ar Matsh of the Dê."

Ond pan 'udish i 'mod i am figlo i'r Oval, ia,
  i Wil bach ga'l trênio go iawn,
'nath rhen fodan ga'l myll 'mod i'n bethma, ia,
  – o'dd hi'm yn dallt enw cae C'nafron Town;
"Sgin ti'm eidîa am sborts," me hi wedyn, ia,
  "pêl rygbi sy'n 'oval' fatha wy.
Cheith Wil bach 'im chwara rygbi dros 'i grogi, ia,
  'san nhw'n rhugo 'i wymad o'n ddwy."

Esh inna i dop caetsh achos hynny, ia,
  "Dim rygbi sy'n yr Oval, y staes!
Yn fanno 'nath Wyn Davies ddercha chwara, ia" –
  oedd hen fodan 'di gweld Wyn ar Maes.
"Fatha Wyn fydd Wil bach," me fi wedyn, ia,
  "yn sgorio efo hedars bron bob tro";
"Efo hedars?" 'ma hi'n apad, "Sbia'i seis o, ia,
  dim sics ffwt, ond ffaif tŵ, ydi co!"

Do'dd 'na'm sens i ga'l gin hen fodan, ia,
  so 'ma fi'n gafal yn sgrepan Wil bach;
"Ty'd 'co, 'nawn ni drênio yn 'rar, ia," –
  a 'ma ddercha', ond fe geuson ni strach:
a'th shot gynta' Wil strêt drw' ffenast, ia,
  a do'dd ffenast 'im ar agor ar pryd,
ond o'dd hi'n uffan o shot 'run fath, ia,
  ella daw o... erbyn Cwpan y Byd.

TRAFFERTH MEWN TŶ BACH

Geuso fi draffath 'fo mŵals wsos dwytha', ia, –
    neuson nhw weithio ffwl sbid ar ofyr-teim:
o'dd hen fodan 'di trio gneud cyrri, ia, –
    'fo rhyw sothach fatha magnox a leim;
ond efo'r pwdwr coch a'th hi'n rong, ia, –
    gneud mis-calc efo seis y llwy;
fuo hi nefar yn dda am neud syms, ia, –
    ond 'sach chi'n meddwl 'sa hi'n dallt faint oedd *dwy*!

Bora wedyn y landiodd y llanast, ia, –
    pan o'n i'n miglo hi lawr Stryd Llyn:
'ma fi'n clwad egsbloshion yn 'y nhin, ia, –
    a neuso fi afal yn 'y malog yn dynn
a rhegad drw' Maes fatha sbangi, ia, –
    a sgidio lawr cei am tŷ bach:
nesh i'm trio codi 'nghap i Lloyd George, ia, –
    o'dd gin i'm amsar... a finna'n y cach!

Ma' dan Maes yn lle handi i *biso*, ia, –
    achos... os o's gynnoch chi 'run niwc
gedrwch chi'm agor y drws i ga'l cachiad, ia, –
    ond ar f'enaid i... 'na ni ffliwc!
O'dd drysa'n agorad i'r abar, ia, –
    a 'ma fi mewn fatha stemar i doc:
a gwllwng 'y nhrow a'n long jons, ia, –
    a gafal yn dynn yn 'y... nhrwyn.

’Sach chi’n dyrchyn be’ welish i wedyn, ia, –
do’dd ’na’m papur at ôl yn tŷ bach:
o’dd o’n gythral o siom i ddyn desbret, ia, –
a’r cofi yn dal yn y cach!
Wth sleifio rownd drws am pan nesa’, ia, –
’ma fi’n stagio ar fashîn wth sinc
o’dd yn wrjo papur tweileit... o’n i’n meddwl, ia, –
mashîn Susnag lliw leilac a pinc.

Pacad bach ffasiwn new o’dd yno fo, ia, –
a dim papur go iawn o’dd o, chwaith:
rybyr pinc i roi am ych bys, ia, –
ond o’n i’n ama’ ’sa fo’n ’tebol i’r gwaith;
’sa papur hen ffash ’di bo’n well, ia, –
ac i sychu’r long jons ’na gin i:
rosh i *nhw*’n y bag siopa i’r hen fodan, ia, –
yn bersant... am y cyrri ’nath hi!

RHAN 9

Caneuon

LLIWIAU'R ALLT

Wrth orwedd ar dusw bach melfed o fwsog,
mae glesni yn nawns clychau'r gog hyd yr allt;
pelydrau y gwanwyn yn gwenu'n dy wyneb
a blodau drain gwynion yn wyllt yn dy wallt.

Wrth orwedd ar dwyni hufennog o dywod,
mae gwyrddni aflonydd yr hesg hyd yr allt:
pelydrau Mehefin yn fwyn ar dy fynwes
a llewych yr eithin yn aur yn dy wallt.

Wrth orwedd ar borfa melynwyrdd y bryniau,
mae clytiau o borffor y grug hyd yr allt:
pelydrau Gorffennaf yn drysu'n dy dresi
a gwynfyd yfory ar goll yn dy wallt.

GWANWYN PENRHYN LLŶN

Mae'n wanwyn ym Mhorth Ceiriad
ym Mhenrhyn Llŷn:
mae'r wylan gyda'i chariad
ym Mhenrhyn Llŷn;
ond pan fo'n adeg nythu,
yr estron ddaw yno i sathru:
mae'r aelwyd wedi'i chwalu
ym Mhenrhyn Llŷn.

Mae'n haf ar Ynys Enlli
ger Penrhyn Llŷn:
mae'r wylan yn ymdrochi
ger Penrhyn Llŷn;
ond pan fo'n adeg clwydo,
yr estron ddaw yno i hwylio:
mae'r glannau wedi'u rheibio
ger Penrhyn Llŷn.

Mae'n hydre'n Aberdaron
   ym Mhenrhyn Llŷn:
mae'r wylan dan y gwymon
   ym Mhenrhyn Llŷn;
heb le i fagu teulu
na chyfle i ymgartrefu,
mae'r wylan heddiw'n madru
   ym Mhenrhyn Llŷn.

Mae'n aeaf ar Drwyn Cilan
   ym Mhenrhyn Llŷn:
y traethau'n llwm, ddiwylan
   ym Mhenrhyn Llŷn;
ond gyda thoriad gwawrddydd,
mae sŵn ym mrig y morwydd:
daw'r gwanwyn a'i lawenydd
   i Benrhyn Llŷn.

LLUNIAU'R TYMHORAU

Mae'r nant yn chwarae cuddio
  o dan y brwyn,
gan sbecian weithiau drwyddo
  ar flodau'r llwyn;
mae'r oen yn prancio'n heini
  i ddeffro'r tir
a'r gwanwyn wedi'i eni
  ar fore clir.

Mae'r afon wedi blino
  dan gangau trwm,
gan loetran yno'n ddiog
  ar lawr y cwm;
mae buwch yr haf yn gorwedd
  ar stumog lawn
i gnoi a chnoi'n ddiddiwedd
  yn haul y pnawn.

Mae'r tonnau'n llyfu'r tywod
  ar hyd y traeth,
gan adael mil o swigod
  fel ewyn llaeth;
mae'r wylan yn mynd adre'
  o sŵn y byd
i wylio machlud hydre'
  yn aur i gyd.

LLYWELYN

Dan bwysau y fesen ar gangen y dderwen,
mae aur ambell ddeilen yn waed ym mhob chwa;
daw atgo' bryd hynny am fedd yng Nghilmeri
dan amdo o dderi yn arwyl yr ha'.

Dan haenen o eira yn nhrymder y gaea',
mae bysedd y briga' mewn menig o wlân;
daw atgo' bryd hynny am fedd yng Nghilmeri
dan amdo o dderi sy'n newydd a glân.

Dan gawod y gwanwyn sy'n deffro'r holl ddyffryn,
mae blagur y brigyn yn berlau i gyd;
daw atgo' bryd hynny am fedd yng Nghilmeri
dan amdo o dderi hyd ddiwedd y byd.

Cytgan:
Llywelyn, mae'r hen elyn ar warrau dy werin,
ond daliwn i'th ddilyn nes creu'r Gymru rydd.
Ac wedyn, pan ddaw'r werin yn gannoedd i'th ganlyn,
fe weli, Lywelyn, dy Gymru yn rhydd.

Y MABINOGI

Ar lan afon Alaw, mae merch Llys Aberffraw
mewn beddrod petryal, ac ni ddaw na cherdd
na hwyl noson lawen i ddeffro Branwen
ar Ynys y Cedyrn na'r Ynys Werdd.

Ar lan afon Cynfal, heb feddrod petryal,
mae llwch oer Blodeuwedd, ac nid oes 'run hud
all ailroddi anadl mewn deri a banadl
i Gronw na Lleu er holl flodau'r byd.

Ar lan afon Artro, 'does undyn yn gwrando
ar Adar Rhiannon, ac ni fedr cri
holl geinciau'r canrifoedd na chwedlau'r cenhedloedd
ail-greu'r Mabinogi fu unwaith i ni.

Ond awn yno heno 'tae gobaith im deimlo
y rhamant fu yno yng ngwanwyn y byd:
byw eto yng nghyffro y caru a'r clwyfo
fu'n anian y Cymro drwy'r oesau i gyd.

HEN GYMRAES

Mewn stafell fach yn unig ac yn fud,
  mae'n syllu ar lun o eneth ifanc dlos;
pob diwrnod yn y cartre' yr un hyd
  ac oriau'r dydd mor faith ag oriau'r nos.

Heb yngan yr un gair wrth undyn byw –
  y rhai sy'n gweini, na'r gofalwyr chwaith –
ond er yn fud, nid wedi colli'i chlyw
  mae'r wreigan lesg – ond colli clywed iaith:

Mae'r llun yn canu cnul am iaith yr un
  fu'n rhannu gwynfyd dysgu byw'n gytûn,
am ofid llwch y frest yn gwaelu'i wedd
  a'r dagrau poeth dywalltwyd ar ei fedd.

Hen iaith y llun sydd heddiw'n canu cnul
am iaith adnodau swil ar fore Sul,
  am iaith priodas flodau bnawniau braf
  ac iaith cyfrinach dau ar hwyr o haf.

Mae'n gwrando heno gnul ei hiaith ei hun,
yr iaith fu'n chwerthin 'stalwm yn y llun,
  yr iaith sy'n gri'n y lloer ar noson glir,
  yr iaith fydd farw, hefyd, cyn bo hir.

HYDRE'N Y DAIL

Mae'r hesg o dan gwrlid o wlith, doriad gwawr,
  yn gwrando'r ehedydd yn deffro'r lli mawr;
a minnau'n breuddwydio amdanom ni gynt
  yn gwahodd y gwanwyn i ddeilio ynghynt.

Mae'r deigryn ar rosyn fel perl yn y llwyn
  yn gwrando'r gylfinir yn galw o'r brwyn;
a minnau'n gobeithio fod breuddwyd mor braf
  yn para'n y dail i ddau gariad yr haf.

Mae'r machlud wrth waedu ei lif ewyn coch
  yn gwrando'r gwylanod yn gwatwar yn groch;
a minnau'n synhwyro mai breuddwyd di-sail
  yw Ha' Bach Mihangel a'r hydre'n y dail.

UN O'R HEN GANEUON

Pan fo'r wawr yn awr heb dorri,
pan fo'r nos yn nos o hyd,
pan fo'r glaw tu draw i'r llenni,
pan fo'r heth yn llethu'r byd,
  fe ddaw cân o fro breuddwydion
  ar yr awel heibio'r tŷ
  fydd yn dwyn rhyw hen atgofion
  am gysuron dyddiau fu.

Pan fo'r daith yn faith ac unig,
pan fo neb ar ben yr allt,
pan fo'r wên 'di hen ddiflannu,
pan fo'r dagrau'n ddagrau hallt,
  y mae'r gân a glywais unwaith
  wrth fwynhau dy gwmni di
  yn parhau i gynnig cysur
  ac yn werth y byd i mi.

UNIGEDDAU

Yng nghysur cysgod clogwyn serth
   rhag anterth haul y pnawn,
wrth synfyfyrio'n llonydd glyd
   ar wynfyd cors o wawn,
mae'r sugno cudd o dan y plu
yn atgo' prudd o'r twyll a fu.

Ger glannau mwsog afon hud
   ym machlud hwyr o haf,
wrth synfyfyrio'n hedd y gwyll
   ar frithyll gloyw braf,
mae'r sugno cudd o drobwll du
yn atgo' prudd o'r twyll a fu.

Ond gwn wrth grwydro unigeddau'r tŷ
y sylweddolai'r muriau mud
nad oedd dy wên a'th addewidion lu
yn ddim ond awydd am gysuron hyn o fyd.
   Fe'u cefaist, a gadewaist i mi'r boen
   o gofio'r hoen, a chofio'r wên o hyd.

PAN FYDDI GYDA MI

Pan fyddi gyda mi – dim ond ein dau –
dy wên yn swyn, a'th lygaid mwyn ynghau,
mae'r byd i gyd yn gwenu ynot ti –
pan fyddi gyda mi.

Pan geni'th serch i mi – a minnau'n glaf –
fe glywaf beraroglau blodau'r haf;
mae balm i enaid clwyfus ynot ti –
pan geni'th serch i mi.

Pan ddoist ti ataf fi – i rannu 'myd –
bob gwawr a chyfnos buom un o hyd;
roedd nef am byth yng nglas dy lygaid di –
pan ddoist ti ataf fi.

TYWYLL HENO

Tywyll heno, ystafell dywyll heno;
fflam y gannwyll wedi pylu
a'i gwêr yn sychu'n oer;
llewych gwan tu draw i'r llenni – codi'r lloer.
Ond ddaw neb i gynnau'r gannwyll, neb i dynnu'r llenni;
mae'r goleuni wedi darfod gyda thi:
aeth y fflam yn llwyr o'm byd pan aethost ti.

Pwy piau'r wefr oedd ar dy wefus?
Pwy piau'r rhamant yn dy lygaid?
Pwy piau'r cyffwrdd cadarn, tyner gerais i?
A lle'r aeth rhyferthwy'r cariad gollais i?

Oerni'r bore, ystafell oer y bore;
gwres y brigau wedi rhynnu
a'u llwch yn gwynnu'r llawr;
llewych gwan tu draw i'r llenni – codi'r lloer.
Ond ddaw neb i gynnau'r brigau, neb i dynnu'r llenni;
mae'r goleuni wedi darfod gyda thi:
aeth y fflam yn llwyr o'm byd pan aethost ti.

Pwy piau'r weniaith ar dy wefus?
Pwy piau'r twyll sydd yn dy lygaid?
Pwy piau'r cyffwrdd pell, celwyddog brofais i?
Ond lle'r aeth rhyferthwy'r cariad gollais i?

Y GYFRINACH FAWR

Mae'r gwenoliaid yn ôl dan y bondo
  yn hel mwsog i'w cartre' clyd,
wedi croesi cyfandiroedd meithion,
  wedi dychwel o ben draw'r byd,
er mwyn datgan yn eu ffordd eu hunain
  fod y gwanwyn yn cynhyrfu'r tir,
tra 'mod innau'n dal i ddiodde'r gaeaf,
  tra'n bod ninnau'n dal i gelu'r gwir.

Mae'r cariadon yn ôl dan y lleuad
  yn anghofio confensiynau'r byd,
wedi gwrthod anwybyddu rhamant,
  wedi dychwel i froydd hud,
er mwyn dotio yn eu ffordd eu hunain
  fod y gwanwyn yn cynhyrfu'r tir,
tra' mod innau'n dal i ddiodde'r gaeaf,
  tra'n bod ninnau'n dal i gelu'r gwir.

Bydd yfory yn well gyda'n gilydd –
  pob yfory, pob dydd a phob awr,
wedi diosg ein cadwynau llethol,
  wedi dianc o'r gaethglud fawr,
er mwyn dathlu yn ein ffordd ein hunain
  fod y gwanwyn yn cynhyrfu'r tir,
a'n bod ninnau'n gorfoleddu heno
  ein bod ninnau'n cyhoeddi'r gwir.

Cytgan:
Tyrd i ddweud wrth y byd am ein cariad,
  tyrd i rannu'r gyfrinach fawr;
tyrd i weiddi fod pob peth yn bosib,
  mae'r dyfodol yn dechrau 'nawr.

RHYDCYFFINIAU

(pan oedd y Cymry olaf wedi gadael ganol y 70au)

Lle bu Rhufeiniaid fore'r byd
  yn llunio crud i'r oesau,
mae ugain canrif heddiw'n hedd
  y bedd yn Rhydcyffiniau.

Lle bu t'wysogion Gwynedd gynt
  yn gwarchod hynt yr erwau,
Tir Neb sydd eto'r dyddiau hyn
  ar fryncyn Rhydcyffiniau.

Lle bu esgidiau hoelion Mawrth
  yn llusgo i lawr o'r Blaenau,
dieithriaid mewn moduron swel
  yw'r ffel sy'n Rhydcyffiniau.

Lle bu direidi ym mhob hin,
  a chwerthin wrth wneud drygau,
ar Suliau haf yr acen fain
  yw'r sain o Rydcyffiniau.

WEDI'R GWAHANU

Mae'r dodrefn lolfa newydd
ers dyddiau 'nawr yn eu lle,
y troellwr disgiau'n bloeddio'n gras –
rhyw gân am strydoedd y dre.
    Ond dal i daro mae'r hen gloc mawr,
    mae'n dal i alw amdanat bob awr;
    mor wag yw'r aelwyd yma mwy –
    mae'r dydd yn hir, a'r nos yn llawer hwy.

Mae'r llestri brecwast newydd
ers dyddiau 'nawr ar y bwrdd,
y rhaglen radio'n bloeddio'n gras –
rhyw gân am un aeth i ffwrdd.
    Ond dal i ferwi mae'r tegell mud,
    mae'n dal i alw amdanat bob pryd;
    mor wag yw'r aelwyd yma mwy –
    mae'r dydd yn hir, a'r nos yn llawer hwy.

Mae'r gorchudd gwely newydd
ers dyddiau 'nawr yn ei le,
y radio 'mlaen ar glustog gwag –
rhyw gân am Foroedd y De.
    Ond dal i edliw mae'r cloc bob awr,
    rwy'n dal i'w glywed hyd doriad gwawr;
    mor wag yw'r gwely hebot ti,
    mor wag yw'r nos a'r pellter rhyngom ni,
    mor wag yw'r byd, mor wag yw 'mywyd i.

ATGOFION

Pan weli'r gwlith yn gwrlid byw
    dros hesg y Morfa Mawr,
pan glywi gân ehedydd
    yn deffro'r wawr,
fe gofi'r gwanwyn fu i ni
a'i nwyf yn ifanc ynot ti;
    rwyf innau'n cofio
    'mod i heno hebot ti.

Pan weli ddeigryn ganol dydd
    ar rosyn hardda'r llwyn,
pan glywi gri'r gylfinir
    o blith y brwyn,
fe gofi'r hafau fu i ni,
a'r gwynfyd eitha' ynot ti;
    rwyf innau'n cofio
    'mod i heno hebot ti.

Pan weli'r machlud ar y môr
    yn gwaedu'n ewyn coch,
pan glywi'r wylan ola'n
    noswylio'n groch,
fe gofi'r hydre' fu i ni,
a'r geiriau ola' ddwedaist ti;
    rwyf innau'n cofio
    'mod i heno, heno eto, hebot ti.

Pan weli'r eira'n chwipio'r byd
    cyn gloywi'n gynfas oer,
pan glywi sgrech tylluan
    yng ngolau'r lloer,
fe gofi'r gaeaf sydd i mi
a'r hiraeth am dy garu di;
    rwy'n dal i gofio, a gobeithio
    y doi di heno ataf fi.

PWY ALL ANGHOFIO?
(ar alaw 'Try to Remember')

Pwy all anghofio hen gyffro'r cofleidio
dan haul yr haf mor braf yn t'wynnu?
Pwy all anghofio hen gyffro'r cofleidio,
y gwlith ar wawn, a'r grawn yn gwynnu?
Pwy all anghofio hen gyffro'r cofleidio,
a thithau'n breuddwydio am rannu yfory?
Os wyt ti'n cofio, a ddoi yma heno
i 'ngharu?

Pwy all anghofio hen wefr yr anwylo
dan swyn y sêr mor bêr yn syllu?
Pwy all anghofio hen wefr yr anwylo,
y lloer ar fryn, a'r llyn yn cysgu?
Pwy all anghofio hen wefr yr anwylo
a thithau'n ochneidio wrth addunedu?
Os wyt ti'n cofio, a ddoi yma heno
i 'ngharu?

Pwy all anghofio hen ddagrau'r ffarwelio
dan gur y glaw di-daw'n galaru?
Pwy all anghofio hen ddagrau'r ffarwelio,
y dail ar lawr, a'r wawr heb lasu?
Pwy all anghofio hen ddagrau'r ffarwelio
a thithau'n heneiddio o'th amddifadu?
Os wyt ti'n cofio, o tyrd yma heno
i 'ngharu?

AR LWYBRAU'R GORFFENNOL

(ar alaw 'Annie's Song')

Ar lwybrau'r gorffennol,
pan oedd medd i bob talgryf,
pan oedd gloyw pob cleddyf,
pan oedd gwledd wedi'r drin;
pan oedd blas ar gyfeddach,
pan oedd dur mewn cyfeillach,
ar lwybrau'r gorffennol,
rwy'n profi'r hen win.

Ar lwybrau'r presennol,
pan fo'r medd wedi suro,
pan fo'r cledd â rhwd arno,
pan fo gwawd heb y drin;
pan fo chwerw'r gyfeddach,
pan fo pall ar gyfeillach,
ar lwybrau'r presennol,
rwy'n colli'r hen win.

Ar lwybrau'r dyfodol,
pan fydd medd wedi'i arllwys,
pan fydd cledd yn ddiorffwys,
pan fydd dewr yn y drin;
pan fydd cyffro'r gyfeddach,
pan fydd effro'r gyfeillach,
ar lwybrau'r dyfodol
caf eto'r hen win.

YR ARWR
(ar alaw 'Green Fields of France')

Wel, sut wyt ti heno, Ellis Evans o'r Traws?
Rydw i drosodd ar wyliau 'nôl f'arfer fis Awst;
ydi o bwys os arhosa'i am funud fan hyn?
Fues i'n chwilio am oriau am enw Hedd Wyn.
  Deg mlynedd ar hugain fu dyddiau y daith
  i nos Pilkem Ridge, ym mil naw un saith;
  fu'r diwedd yn sydyn, un ergyd o ddryll?
  Neu, Ellis Evans, oedd o'n araf a hyll?

Cytgan:
Glywaist ti'r distawrwydd ar ôl geiriau'r Archdderwydd
nad oedd "Arwr" yno, dim ond cadair ddu?
Wyddet ti, pan oedd pry'n bwyta'th berfedd,
fod yr Ŵyl yn ei dagrau am fod bardd yn ei fedd?

Mae d'enw'n wybyddus i fonedd a gwreng,
mae d'eiriau'n gyfarwydd am "fyw mewn oes ddreng",
a phorffor fydd lleuad uwchlaw'r llethrau llwm
tra pery afon Prysor i ganu'n y cwm.
  Ond beth am y gweddill heb enw na chroes
  yn atgo' o'u haberth ac o ddiwedd eu hoes?
  Y cannoedd celanedd yn domen o gnawd
  a neb heddiw'n cofio eu tynged na'u ffawd.

Rŵan, Ellis o'r Ysgwrn, wyt ti heddiw yn dallt
pam fu'n rhaid codi arfau i frwydr mor hallt?
Oedd dy fêts di yn credu wrth gychwyn o'u bro
mai rhyfel i roi terfyn ar ryfel oedd o?

Wel, bu'r diodde' a'r dagrau, y gwaedu i gyd,
y garw a'r marw, i ddiawl o ddim byd;
achos fu 'na ddim callio, 'mond yr un peth drachefn
a thrachefn a thrachefn a thrachefn a thrachefn...